Internetadressen für PGP-Institutionen

ERLEBNIS PÄDAGOGIK

Liebe Leserinnen und Leser.

Matthias Spenn,
PGP-Schriftleiter

»Es gibt eine Menge erfahrungsorientierter pädagogischer Ansätze. Die müssten wir mal in einer Zusammenschau darstellen«, so etwa ging es los in einer unserer Redaktionssitzungen. Daraus entstand schnell das Konzept für diese Ausgabe unter der Überschrift »Erlebnis Pädagogik«. Erlebnis Pädagogik: Jede und jeder von uns hat Pädagogik am eigenen Leib, an der eigenen Seele erlebt. Jede und jeder ist in seinem Leben durch pädagogische Einrichtungen gegangen: Kindertageseinrichtungen, Schule, Ausbildung, Universitäten, aber auch Sportvereine, Jugendtreffs, die Bushaltestelle, Bude und der Bolzplatz, die Kirche ... Welche Erlebnisse haben uns wie geprägt? Was hat weitergebracht und ist hängengeblieben? Wo bin ich hängengeblieben oder weitergetrieben worden?

Spätestens seit dem Aufkommen reformpädagogischer Ansätze im 20. Jahrhundert werden erlebnis- und erfahrungsorientierte Pädagogiken gezielt praktiziert: als Natur- oder Erlebnispädagogik, Spiel- und Theaterpädagogik, Gruppenpädagogik usw. Historisch betrachtet war längst nicht alles positiv, was an Neuem ausprobiert wurde. Allzu oft vermischten sich in problematischer Weise Elemente wie Gemeinschaft, Erlebnis oder Natur mit völkischem Denken, Nationalismus oder gar erotisch-sexuellen Aufladungen. Schmerzvolle Aufklärungsprozesse sensibilisieren uns heute für diese Schattenseiten gut gemeinter Ideen. Dem pädagogischen Wert erfahrungsgeleiteter Ansätze sollte das keinen Abbruch tun. Bloße Wissensvermittlung ohne Erlebnis- und Erfahrungsdimension läuft ins Leere. »Nicht für die Schule – für das Leben!«, steht noch heute, oft in lateinischer Sprache, an manchen altehrwürdigen Portalen von Bildungseinrichtungen. Wann, wo, wie, wodurch lernen wir für das Leben? Wohl vor allem dann, wenn wir ernsthafte Situationen bewältigen und sie für uns reflektieren und auswerten können. Oft ungewollt, unfreiwillig.

Im Leben durch das Leben für das Leben lernen, auch im Glauben. Das ist ein hoher Anspruch der Gemeindepädagogik. Dazu setzt sie seit jeher erlebnisbezogene Methoden ein: Naturerleben, Theater und darstellendes Spiel, darstellende Kunst, Literatur und Musik, Engagement, Beteiligung und Mitbestimmung, um nur einige Ansätze, Dimensionen, Formen des Lernens zu nennen. Solches Lernen hat Wirkung auf das eigene Leben, in die Gesellschaft wie auch in kirchliche Praxisfelder und Gemeinde: der Gottesdienst als dramaturgische Inszenierung erschließt sich neu und eröffnet Mitwirkungsmöglichkeiten, beteiligungsorientierte Gemeindeleitung macht Spaß, zeitgemäße Musik in der Kirche als alltagskulturelle Ausdrucksform bringt Stimmung – um nur einige Beispiele zu nennen, die auch nicht immer unumstritten sind.

Pädagogik als Erlebnis ist kein Selbstläufer. Wir geben in dieser Ausgabe zu unterschiedlichen Ansätzen Impulse zum Selbermachen, die gern und unbedingt ganz eigen, ganz anders umgesetzt werden sollen.

Viel Spaß und interessante Entdeckungen auf dem gemeindepädagogischen Erlebnispfad wünscht dabei

im Namen der Redaktion *Matthias Spenn*

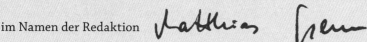

Diese Ausgabe enthält eine Beilage des Evangelischen Literaturportals e.V., Göttingen. Wir bitten um freundliche Beachtung.

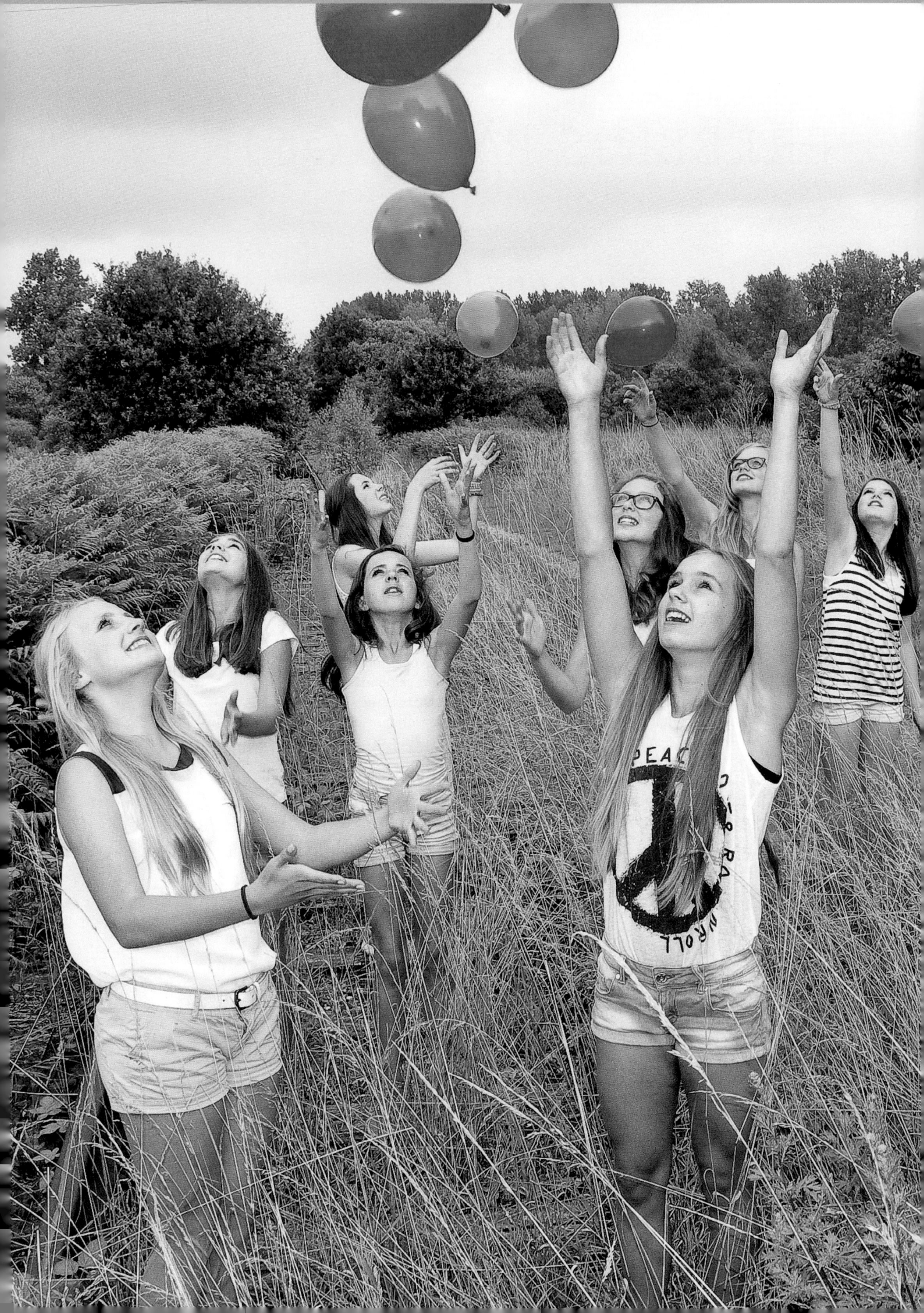

Vermitteltes Erleben

Meditation zum Heftthema

Thomas Klie

Wenn die elementare Erfahrung von Natur, die konstruktive Kooperation in einer Gruppe und das kreative Spiel »mit Herzen, Mund und Händen« keinen Ort mehr finden im kindlichen Erleben, dann ist es geboten, diese sozialisatorischen Mangelerscheinungen pädagogisch abzufedern. Denn was die soziale Welt nicht mehr automatisch vorhält an lebenswichtigen Vitalstoffen, muss ihr künstlich zugesetzt werden. Die Verkümmerung und Reduzierung des mit Gottes Schöpfung gesetzten Spielraums auf das suggestive Zusammenspiel von Fingerkuppen und Screen ist heilsam zu unterbrechen. Aktivität, Unmittelbarkeit, Spannung, Emotionalität und Authentizität wollen gefordert werden, da sie sonst auf niedrigem Niveau stagnieren. Denn die digital erregte Netzhaut allein wird die Seele der Heranwachsenden kaum mit all den Erfahrungen versorgen können, die sie für die sozial verantwortliche Teilhabe am Leben qualifizieren. Das Hantieren mit unterhaltungsindustriell vorgefertigten Erfahrungen hinterlässt das schale Gefühl eines Schon-Wissens, das seinen Sitz im Leben schlicht nicht kennt. Und ein nach wie vor zu stark kopfbetonter, sitzgefesselter Schulunterricht vermag hier kaum Gegenerfahrungen einzuspielen.

Freilich – das pädagogische Motiv des Gegenlernens allein schafft noch keine positiven Lerninhalte. Die Inszenierung einer elementaren Auseinandersetzung mit der Natur, mit anderen Akteuren und mit den ungeahnten Möglichkeiten des Selbst führt nicht automatisch zu einer bestimmten Didaktik. Lange speisten sich die erlebnispädagogischen Lernwege aus dem bloßen Protest gegen zeitgenössische Erziehungsmethoden, die man jeweils als reformbedürftig empfand. Aber ein »Zurück zur Natur« oder der Ruf nach »ganzheitlichem Lernen« – beides durchaus nicht nur in der evangelischen Pädagogik übliche Vorfestlegungen – geben noch keine Auskunft darüber, was hierüber genau zu lernen wäre und vor allem: wozu und um wessentwillen. Es spricht insofern viel dafür, die pädagogischen Ziele, die sich mit einer Pädagogik des Erlebens verbinden, heute über einen pluralen Methodenmix anzusteuern. Die Breite der Gegenwartsgesellschaft, wie sie Hans Ulrich Gumbrecht zeichnet, sperrt sich gegen eindimensionale Erziehungsmaximen. Die Vielheit der Stimuli korrespondiert mit der Fülle unterschiedlicher Bedürfnislagen. Hinter den erlebnspädagogischen Plural gibt es wohl kein Zurück. Erlebnispädagogik wird unter den Bedingungen einer sich mehr und mehr aufspreizenden Moderne kaum anders als eine Pädagogik unterschiedlicher Erlebnisse zu inszenieren sein.

Der pädagogische Plural ist auch schon aus dem Grunde angezeigt, weil die deutsch-trüben Wurzeln der Erlebnispädagogik immer auch auf Monokulturen gesetzt haben, die alles andere als soziale Kompetenzen bereitstellten. Das romantisch verklärte Naturerleben bzw. die Rückbesinnung auf die eine ursprüngliche Volkskultur in der Wandervogelbewegung, die Wagnisbereitschaft, die in den »Wehrertüchtigungslagern« der Hitler-Jugend trainiert wurde und die Lager der Pionierorganisation »Ernst Thälmann« in der DDR waren ideologisch aufgeladene Erlebnispotpourris.

Eine Pädagogik des Erlebens muss sich im Resonanzraum der Kirche aber nicht nur der Ideologiekritik verschreiben, sie wird sich auch die Frage gefallen lassen müssen, inwiefern ihre Lernwege frommen. Gerade eine Religion, die eher nur das Hören und Räsonieren kultiviert hat, muss hier ora und labora, Spiel und Spiritualität zusammenhalten.

Prof. Dr. Thomas Klie ist Professor für Praktische Theologie in Rostock.

ERLEBNISPÄDAGOGIK

Einführung in ein handlungsorientiertes Bildungskonzept

Dominik Drogat

Erlebnispädagogik. Wie kann man diesen Begriff beschreiben? Vielleicht mit dem Anruf eines Kindes bei seinen Eltern. Es hat in den vergangenen Tagen eine Expedition durch den Bayerischen Wald mit der eigenen Klasse geplant und durchgeführt. Begeistert ruft es in den Hörer: »Wir sind zwei Tage durch den Wald gewandert! Und dabei haben wir alles selber gemacht, alles selber vorbereitet. Das war zwischendurch gar nicht so einfach, wenn wir nicht wussten wo es lang geht. Aber wir haben's geschafft!« Der Redebedarf nach einer solchen Tour ist hoch: »So weit sind wir gelaufen!« Darauf ist man stolz. Das Wetter hat verrückt gespielt, aber wir sind weitergewandert. »Und weißt du noch, der Wasserfall hinter der Wegbiegung?« Einige Monate später wird man von dieser Tour mit Worten wie »He, wisst ihr noch? …« sprechen.

Eine Expedition wie diese ist ein Beispiel, wie Erlebnispädagogik funktionieren kann.

DIE EXPEDITION:

Ziel einer Expedition ist die Planung und Durchführung einer längeren naturnahen Aktion (Wanderung, Schneeschuhtour, Langlauf, Kanufahrt etc.).

Die Teilnehmenden verantworten die wichtigen Planungsschritte und die Führung während ihrer Tour selber. Sie werden zu Experten und zu Pfadfindern. Für die Vorbereitung bietet es sich daher an, die Gruppe in Teams einzuteilen. Eine Gruppe beschäftigt sich mit der Route. Welches Ziel lohnt sich? Wie viele Zwischenstationen sollten wir einplanen? Eine Gruppe ist für die Motivation zuständig.

Sie überlegt sich Spiele für unterwegs und Lieder, die auf dem Weg gesungen werden können. Eine andere Gruppe ist für die Verpflegung der Gruppe zuständig: Wie viel wird gebraucht? Zu viel Gepäck bedeutet mehr Last, zu wenig bedeutet Hunger! Eine weitere Gruppe wird zu Packexperten ernannt. Was muss wie verpackt sein, damit alles gut in den Rucksack passt?

Eine Expedition gibt eine unmittelbare Rückmeldung über Sorgsamkeit und Qualität der Vorbereitung. Erfahrungswerte müssen eingeholt werden. Wie viel benötigt man auf einer solchen Tour und welche Schwierigkeitsstufe können wir uns zumuten? Bei meiner ersten Kanutour hatte ich weder Essbesteck, Becher noch flusstaugliche Schuhe dabei. Während meine Flip-Flops von der Isar davongespült wurden und ich die nächsten Tage barfuß von den Steinen am Ufer gequält wurde, schwor ich mir, beim nächsten Mal besser vorbereitet zu sein.

Nach der Vorbereitung zieht die Gruppe los. Der erste Teil des Weges wird mühelos bewältigt. Aber mit jedem Meter schwindet die Motivation der Gruppe, es wird kalt und die Strapazen der Reise machen sich bemerkbar. Die Motivationsgruppe wird aktiv. Der Wasserfall am Wegrand ist ein wahrer Augenöffner. Der Ausblick vom Gipfel des Hügels ist atemberaubend. Die Gruppe macht weiter, hilft sich gegenseitig. Am Ende der Tour ist vielen klar: »Das haben wir gemeinsam geschafft.« Diese Gruppe hat eine gemeinsame Geschichte gewonnen. Erlebnisse, die sie verbinden, Erzählungen, in denen sie vorkommen. Vielleicht fühlt sich der eine oder andere sogar in die Rolle des Filmhelden Sam hineinversetzt, der zu seinem Gefährten Frodo sagt:

»Das ist wie in den großen Geschichten, Herr Frodo, in denen, die wirklich wichtig waren. Voller Dunkelheit und Gefahren waren sie. Und manchmal wollte man das Ende gar nicht wissen, denn wie könnte so eine Geschichte gut ausgehen? (…) Das waren die Geschichten, die einem im Gedächt-

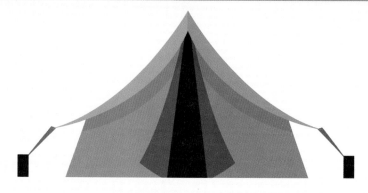

nis bleiben, selbst, wenn man noch zu klein war, um sie zu verstehen. Aber ich glaube, Herr Frodo, ich versteh' jetzt. Ich weiß jetzt: Die Leute in diesen Geschichten hatten stets die Gelegenheit umzukehren, nur taten sie's nicht. Sie gingen weiter, weil sie an irgendetwas geglaubt haben!«

DAS ERLEBNIS:

Erlebnisse sind nach Kurt Hahn, dem Begründer der Erlebnispädagogik, »ansteckende Gesundheiten« und »heilsame Erinnerungsbilder«, auf die man in späteren Anforderungs-Situationen zurückgreifen kann. Die Natur mit ihren Wäldern, Bergen, Flüssen und Seen bietet sich als idealer Lernort für solche Erlebnisse an. Beim Wandern, Klettern, Ski fahren und auf Bootstouren werden Herausforderungen gemeistert und Erfahrungen im Umgang mit Hindernissen gesammelt.

DIE E-KETTE:

Die Theorie der E-Kette[1] beschreibt wie aus den Ereignissen in der Natur eine Erkenntnis gewonnen werden kann. Am Anfang der E-Kette steht der Ein-

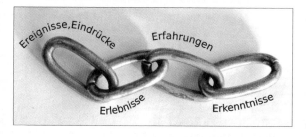

druck, welchen die Bilder der Natur und die Ereignisse, die wir in ihr erleben, hinterlassen. Diese Eindrücke und Erfahrungen in der Natur werden von jedem ganz individuell zu Erlebnissen verarbeitet. Es ist eine gemeinsame Expedition, aber jedes Individuum erlebt diese Tour anders. Von jedem wird das Ereignis anders gedeutet. Erst das Individuum macht das Ereignis zu einem Erlebnis.

In der Diskussion und Reflexion dieser Erlebnisse kann eine Erfahrung aus diesem Erlebnis gewonnen werden. Durch Reflexionsmethoden wird das Erlebte noch einmal zum Ausdruck gebracht.

Nach einer Expedition kann z. B. ein Zeitstrahl erstellt werden, um die Erlebnisse der Gruppe zu sammeln und zu verorten. Aus den Erfahrungen, die wir gesammelt haben, besteht unser Wissen. Wir können auf unsere Erfahrungen zurückgreifen und eine Erkenntnis daraus ziehen. Diese kann kreativ in neuen Herausforderungen angewandt und verwendet werden. Was habe ich gelernt? Was

ist davon für mein alltägliches Leben relevant? Persönlich hat man das eigene Durchhaltevermögen kennengelernt und seine Fähigkeiten, andere zu motivieren.

Eine Gruppe kann die Synergieeffekte in ihrer Zusammenarbeit entdeckt haben. Diese neue Einstellung und das gewonnene Selbstbewusstsein wird im Transfer in den Alltag mitgenommen.

HANDLUNGSORIENTIERUNG:

Die moderne Erlebnispädagogik nutzt mehr als nur Erlebnisse, um Lernfortschritte zu erzielen. Solche naturnahen Erlebnisse sind häufig mit einem großen Aufwand verbunden, ungeeignet für den Einsatz im Schul- oder Gemeindealltag.

In Amerika wurde die Erlebnispädagogik durch das breite Feld einer handlungsorientierten Pädagogik erweitert. Das Theorem: »Learning by Doing« beschreibt die Philosophie dieser Pädagogik wohl am besten. Ein Beispiel für die Handlungsorientierung in der Erlebnispädagogik sind die zahlreichen Kooperationsspiele, in denen Gruppen vor eine spielerische Herausforderung gestellt werden. Durch Interaktion und Rollenverteilung in der Gruppe gelingt es häufig, das Spiel erfolgreich zu meistern. Solche Spiele veranschaulichen gruppendynamische Prozesse und bieten Möglichkeiten, diese Prozesse zu optimieren, die Gruppe zusammenzuschweißen und eine bessere Kommunikation zu entwickeln.

Ob auf verschlungenen Pfaden in der Wildnis oder bei intensiven Reflexionsgesprächen mit der Jugendgruppe – die Erlebnispädagogik nutzt erlebnisintensive Aktivitäten, um Menschen in ihrer Persönlichkeitsentfaltung zu unterstützen und zu verantwortlicher Gruppen- und gesellschaftlicher Beteiligung zu ermutigen.

Literatur:

Baig-Schneider, Rainald (2012): Die moderne Erlebnispädagogik, Geschichte, Merkmale und Methodik eines pädagogischen Gegenkonzepts, Augsburg.

Michl, Werner (2011): Erlebnispädagogik, München.

Paffrath, F. Hartmut (2013): Einführung in die Erlebnispädagogik, Augsburg.

1   vgl. Michl, 2011, S. 11

Dominik Drogat arbeitet als Religionspädagoge im Vorbereitungsdienst in Bobingen bei Augsburg.

Kommt, wir finden einen Schatz

Geocaching mit Kindern

Jan Schulze

Geocaching ist eine moderne Form von Schatzsuche, wo Teilnehmer kleine Schätze verstecken, die von anderen Geocachern gefunden werden. In der Gemeindearbeit sind wir genauso Hüter eines besonderen Schatzes, den wir besonders den Kindern näher bringen wollen.

Überblick

1. Mitarbeitersuche und Vorbereitung des Projekts
2. Die Schatzsuche
3. Der Abschluss

Material

Es werden für die Schatzsuche gebraucht: Ein Smartphone mit einer geeigneten App oder ein Navigationsgerät, kleine Behälter, wie Filmdosen, Tupperdosen, eine Schatzbeschreibung, Stifte, Bibel, verschiedene Dekoelemente, ein Schatz.

Ablauf

1. Mitarbeitersuche und Vorbereitung des Projekts

Bevor man ein Geocaching-Projekt mit Kindern oder Jugendlichen startet, sucht man sich Mitarbeiter oder Helfer aus dem eigenen Jugendkreis, die sich mit der nötigen Technik (GPS und Handy-App) auskennen und sich für eine Tour begeistern lassen. Gemeinsam wird ein Gebiet ausgesucht, wo eine schöne Runde gelaufen werden kann und auch genügend Versteckmöglichkeiten für kleine Gegenstände zu finden sind (namhafte Versandhandel bieten hier viele Möglichkeiten). Je nach Gelände sollte die Runde zwischen 2 und 4 Kilometern umfassen.

Als nächstes geht man die Strecke ab und bestimmt die Koordinaten, an denen die einzelnen Stationen platziert werden und trägt diese auf einem eigenen Laufzettel (M1) ein. Dann sucht man sich eine Geschichte aus der Bibel heraus, die als Grundstock für die Schatzsuche dient. Besonders geeignet sind hier Geschichten, wo die handelnden Personen selbst eine gewisse Wegstrecke absolvie-

M1 (Beispiel)

LAUFZETTEL KINDER-CACHE

Station	Ort	Nord-Koordinate	Ost- Koordinate	Material
Startpunkt	Gemeindehaus			Spielanleitung, GPS-Gerät, Bibel
Station 1	Gatter	N 50° 40,035	E 12° 50,042	Tupperdose
Station 2	Vogelhaus	N	E	Vogelhäuschen
Station 3	Baumstumpf	N	E	Tupperdose
Station 4	Haus	N	E	Filmdose
Station 5	Steinhaufen	N	E	Plastikstein
Station 6	Gasschild	N	E	PETling
Station 7	Steinhaufen	N	E	Dekostein
Station 8	Laubhaufen	N	E	PETling
Finale	Garten	N	E	Schatz

M2

Zettel für Station 1

Station 1   (am Gatter)
Welches Buch der Bibel ist das Richtige?
„Freu dich doch an deiner ...“

a) Römer 4,3   a = 7
b) Sprüche 5,15   a = 3
c) Maleachi 9,1   a = 6
d) Prediger 2,19   a = 9

Setzt die richtige Zahl in die Formel ein.
N 50° 40,0(a+3)(a+2)
O 12° 49,7(a+1)(a+6)

Zettel für Station 2

Station 2   (Vogelhaus)
Welches Buch der Bibel ist das Richtige?
„Deine Brüste sind wie ...“

a) Psalm 5,4   b = 4
b) Rut 10,3   b = 1
c) Sprüche 5,8   b = 7
d) Hohelied 4,5   b = 2

Setzt die richtige Zahl in die Formel ein.
N 50° 40,1(b+5)(b+1)
O 12° 49,4(b+2)(b-2)

Zettel für Station 3

Station 3   (Baumstumpf)
Welches Buch der Bibel ist das Richtige?
„Wer anderen eine Grube gräbt ...“

a) Psalm 66,5   c = 3
b) Prediger 10,3   c = 1
c) Sprüche 26,27   c = 5
d) Hohelied 2,3   c = 2

Setzt die richtige Zahl in die Formel ein.
N 50° 40,1(c+4)(c-3)
O 12° 49,3(c+2)(c+2)

Zettel für Station 4

Station 4   (Haus)
Welches Buch der Bibel ist das Richtige?
„Schwört überhaupt nicht ...“

a) Markus 5,41   d = 8
b) Matthäus 5,34   d = 9
c) Lukas 5,18   d = 7
d) Johannes 4,15   d = 6

Setzt die richtige Zahl in die Formel ein.
N 50° 40,2(d-2)(d-1)
O 12° 49,3(d-6)(d-2)

Zettel für Station 5

Station 5   (Steinhaufen)
Welches Buch der Bibel ist das Richtige?
„Lieber einer Bärin begegnen ...“

a) Sprüche 5,4   e = 4
b) Sprüche 10,3   e = 1
c) Sprüche 17,12   e = 3
d) Sprüche 4,5   e = 2

Setzt die richtige Zahl in die Formel ein.
N 50° 40,4(e+0)(e-3)
O 12° 49,3(e+2)(e+4)

Zettel für Station 6

Station 6   (Gasschild)
Welches Buch der Bibel ist das Richtige?
„Wenn sie euch vor Gericht bringen...“

a) Lukas 5,4   f = 3
b) Matthäus 10,19   f = 1
c) Johannes 5,8   f = 0
d) Markus 4,5   f = 2

Setzt die richtige Zahl in die Formel ein.
N 50° 40,4(f+2)(f+4)
O 12° 49,7(f+1)(f+6)

Zettel für Station 7

Station 7   (Dekostein)
Welches Buch der Bibel ist das Richtige?
„Als der noch redete ...“

a) Richter 1,4   g = 4
b) Zefanja 1,3   g = 1
c) Micha 1,8   g = 7
d) Hoib 1,18   g = 2

Setzt die richtige Zahl in die Formel ein.
N 50° 40,4(g+0)(g+3)
O 12° 49,8(g-2)(g+1)

Zettel für letzte Station

Auf zum Finale   (Laubhaufen)

Ihr seid schon fast am Ziel.
Jetzt setzt ihr noch die gesammelten
Zahlen in die Formel ein und eurem Ziel
steht nichts mehr im Weg.

N 50° 40,(d-c)(e-f)(b-g)
O 12° 49,(b+c)(a+f)(e-a)

ren. Die Geschichte wird nun in soviele Teile wie Stationen eingeteilt. Alternativ können auch Rätsel zu einzelnen Bibelstellen ausgearbeitet werden, siehe Beispiel. Nun wird die Geschichte mit eigenen Worten umschrieben und am Ende eines jeden Abschnitts eine Frage mit mehreren Möglichkeiten der Lösung gestellt (M2). Zu jeder Lösungsmöglichkeit wird eine Koordinate hinterlegt. Die Teilnehmer sollen anhand der mitgenommenen Bibel die richtige Antwort finden und können nun die Koordinate eingeben, um die nächste Station zu erreichen.

2. Die Schatzsuche

Der Gemeinschaftsfaktor ist während der Wanderung besonders wichtig. Jeder Teilnehmer sollte die Möglichkeit haben, das GPS-Gerät einmal zu bedienen oder beim Suchen fündig zu werden. Wichtig ist hierbei die Gruppe zusammenzuhalten, damit niemand ausgeschlossen wird oder die Freude beim Finden der Stationen verpasst.

3. Der Abschluss

Am Ende der Wanderung sollte wirklich ein Schatz warten. Hierbei kann man je nach Altersgruppe ein besonderes Angebot einbinden. Mit Kindern kann man am Ende ein Bastelangebot, passend zum The-

ma oder im Bereich Outdoor machen. Hier bietet es sich zum Beispiel an, Survival-Armbänder zu flechten oder eine Kreuzkette aus Speckstein zu schleifen. Bei Konfirmanden oder Jugendlichen bietet sich anstatt der Bastelei ein erlebnispädagogisches Spiel oder eine gruppendynamische Übung an. Dazu kann man eine kleine Andacht einbinden und zum Abschluss Grillen oder Pizza essen.

Aus der Praxis

Bei größeren Gruppen mit einer Teilnehmerzahl über 12 Kindern, lohnt es sich, die Gruppen zu teilen und auf verschiedenen Wegen zum Ziel zu gehen. Die Freude ist dann am größten, wenn beide Gruppen am Ziel auf den Schatz treffen und diesen gemeinsam öffnen können. Um ein Öffnen durch nur eine Gruppe zu verhindern, kann man ein Zahlenschloss am Schatz anbringen, wozu jede Gruppe ein bis zwei Zahlen auf dem Weg findet.

Jan Schulze, Gemeindepädagoge in der Region Zwönitz. Finder von bisher über 2600 Geocaches und Besitzer von 43 eigenen Geocaches.

ZURÜCKGEBLÄTTERT ZUM THEMA DIESES HEFTES

in: Die Christenlehre 25/1972, S.132 ff.

DER KONFIRMANDENUNTERRICHT …

… SOLL VON ALLEM ABSEHEN, WAS VON DEN KONFIRMANDEN NICHT MIT FREUDE ERLEBT UND MITGETAN WERDEN KANN.

Der junge Mensch dieses Alters nimmt aber zugleich in starkem Maße das auf, was er im Erlebnis, und möglichst im Erlebnis Gleichgesinnter erfährt … Dabei sollten folgende Gedanken bestimmend werden:

1. Der Konfirmandenunterricht ist EINÜBUNG in Glauben und Leben der Gemeinde.

2. Der Konfirmandenunterricht soll … von den Fragen und Problemen ausgehen, die die Konfirmanden selber haben oder in ihrer direkten Umwelt erleben.

3. Der Konfirmandenunterricht soll davon ausgehen, dass die von den Konfirmanden mitgebrachten Begabungen unterschiedlichen Art sind …

4. Der Konfirmandenunterricht soll von der großen Aufnahmebereitschaft im Erlebnis der Gruppe ausgehen und möglichst viele Gruppenerlebnisse ermöglichen … Die angebotenen Kurse finden zu sehr unterschiedlichen Zeiten und in möglichst unterschiedlicher Form statt … (Sie werden) mit einem besonderen Erlebnishöhepunkt verbunden, z.B. einer Exkursion, einer Besichtigung, einem Besuch, einer Aktion, einer Rüstzeit.

Uwe Dittmer

Foto: DAV-Meiningen

St. Veit Climbing Tower

Christusorientierte Erlebnispädagogik im Kirchturm

Markus Steffen

»*St. Veit Climbing Tower*«, so hat die Jugend den Turm in einer Facebook-Abstimmung genannt. Ein Kletterraum in einer Kirche, genau genommen im Turm der Kirche. Im Grunde ist das nichts Außergewöhnliches. Es gibt einige Kirchen in Deutschland, die entwidmet wurden und heute als Kletterhalle dienen. Hier handelt es sich jedoch um eine voll genutzte Kirche eines Dorfes mit 950 Einwohnern.

Entstehungsgeschichte

Wie kommt man auf so etwas? Durch die Zusammenarbeit von Evangelische Jugend und Alpenverein entstand im Laufe der Jahre eine gute Kinder- und Jugendarbeit an der Pfarrscheune in Sülzfeld. Den Raum hatte ich 2002/2003 mit kletterinteressierten Konfirmanden gebaut. Im Laufe der Jahre kamen immer wieder Kinder und Jugendliche dazu. 2010 trafen sich wöchentlich drei Kinder- und Jugendgruppen sowie einige Erwachsene. Der Kletterraum an der Pfarrscheune platzte dabei oft aus allen Nähten. Darum machte sich der Alpenverein auf die Suche nach der Möglichkeit einen größeren Kletterraum bzw. eine Kletterwand zu bauen. Für eine große Kletterhalle ist jedoch der Verein zu klein und die Region zu dünn besiedelt.

2010 kam ich dann durch eine Reinigungsaktion in den Kirchturm der Sülzfelder Kirche. Hierbei entdeckte ich den ehemaligen Läuteboden als möglichen Kletterraum. So begannen die Gespräche mit dem Alpenverein, Gemeindekirchenrat, Kreiskirchenamt, Landeskirchenamt, Denkmalschutz usw.

Alter Kletterraum an der Pfarrscheune © M. Steffen

Letztlich mietete der Alpenverein den Raum bei der Kirchgemeinde für 25 Jahre an. Im Sommer 2014 war dann endlich Baubeginn, die Einweihung im Dezember 2014.

Der Raum ist zugelassen für 18 Personen. Es ist also recht übersichtlich, aber immerhin können doppelt so viele Personen klettern wie in der alten Pfarrscheune.

Ausführliches zur Geschichte und Infos zum »St. Veit Climbing Tower«:

http://www.alpenverein-meiningen.de/klettern/klettern.html
https://www.youtube.com/watch?v=N14TYjP2K8g
https://www.youtube.com/watch?v=Q7ghacRZZHQ
https://www.youtube.com/watch?v=VkVeRsJx45Q
https://www.youtube.com/watch?v=vOW8rLmdH1Q

Klettern im neuen Kletterraum im Kirchturm

© M. Steffen

Betrieb

Seitdem treffen sich die Gruppen im neuen Kletterturm. Am Anfang kamen viele Interessierte zum Schauen. Die Gruppen liefen auch weiter als Kooperationsangebot der Evangelischen Jugend und des DAV. Im Laufe des ersten Jahres weitete sich die Jugendarbeit auf vier Gruppen aus. Außerdem gibt es zweimal wöchentlich Öffnungszeiten für Erwachsene. Kletterer, die im Besitz eines Kletterscheins sind, können den Kletterraum jederzeit in Eigenregie nutzen. In den beiden Gruppen, die ich selbst betreue, ist es mir wichtig, dass wir uns nicht nur auf Klettern konzentrieren, sondern auch Umwelt und Natur wahrnehmen. So gibt es immer wieder Expeditionen in die Natur, z. B. im Frühjahr schauen wir, was auf den Wiesen so wächst, orientieren uns im Wald oder betreiben Wetterkunde. Weiter hat es sich etabliert, dass verschiedene Gruppen, wie Konfirmanden, Sportvereine, Kindergeburtstage anfragen und zum Klettern kommen.

Infos zu den Klettergruppen: http://evangelischejugend werratal.de/Jahresprogramm/klettern.html

Gott und Klettern

Der eine oder andere fragt nun vielleicht, wo ist hier der Bezug zum Evangelium. Erstmal sehe ich die Klettergruppen als offenes Angebot. Es gibt also keine Andachten, Gebete oder Ähnliches. Ich möchte niemandem etwas aufdrängen, indem ich ihm sage, wenn du klettern willst, musst du dich auch auf eine Andacht einlassen.

Vielleicht wäre das noch vermittelbar, wenn es ein rein kirchliches Angebot wäre, aber als Kooperation mit dem Alpenverein wäre es schwierig im

entkirchlichten Umfeld. Dennoch ist es interessant, dass der Ort Kirche die Menschen berührt. Es ist für viele doch etwas anderes, ob sie in einer Kletterhalle oder in einer Kirche klettern. So kommt immer wieder die Frage, was denn unter dem Kletterraum ist und dann reden wir über den Altar, das Kreuz, Gottesdienste, aber auch über Beziehungen oder Familienfragen kommen immer wieder Gespräche auf.

Hier kommt ein ursprüngliches Konzept der Erlebnispädagogik zum Tragen: »Der Berg spricht für sich.« Also die bloße Wucht der Natur bewirkt eine Veränderung beim Teilnehmer. Bei uns spricht die Kirche für sich.

Es ist nicht so, dass wir solche Gespräche immer hätten, aber immer mal wieder. Das Gebäude, der Geist der Kirche und letztlich der Geist Gottes arbeitet an den Besuchern. Uns Mitarbeitern egal, ob Kirche oder Alpenverein ist es wichtig, dass wir eine vertrauensvolle Atmosphäre schaffen. Wie grundsätzlich in der Erlebnispädagogik ist die Frage nach dem Ergebnis jedoch höchst schwierig zu beantworten. Einige der Kinder bzw. Jugendlichen machen z. B. intensive Erfahrungen mit Vertrauen. Aber inwieweit es gelingt, daraus Nutzen für den Alltag oder gar den persönlichen Glauben zu ziehen, ist kaum nachprüfbar. Noch weniger eine Veränderung im Leben der Person. Alles in allem habe ich das Vertrauen, dass der Heilige Geist an den Menschen wirkt.

Für externe Gruppen (Kindergeburtstage, Konfigruppen usw.) haben wir immer ein kleines Giveaway: Ein Karabiner in Fischform. Hier sagen wir dann zum Abschied zwei kurze Sätze dazu, was dieser Karabiner mit Klettern und Christsein zu tun hat. Bei kirchlichen Gruppen sieht es je nach Wunsch natürlich anders aus. Da gibt es auch mal eine Andacht unten in der Kirche.

Klettern bei Rieden (Tirol) – Freizeit »Abenteuer in Österreich«

© M. Steffen

Ausgangspunkt für Freizeiten

Ein großer Schwerpunkt meiner Arbeit als Jugendreferent sind Freizeiten. Dabei sind die Sommerfahrten ins Gebirge Tradition. Und hier handhaben wir vieles anders als zuhause. Zum einen kommt hier ein anderes erlebnispädagogisches Konzept zur Anwendung. Wir schauen täglich darauf, was mit dem Einzelnen geschieht. Reflektion des Tagesgeschehens gehört ebenso dazu wie Morgen- und Abendandacht. Themen wie Abenteuer Leben – Abenteuer Christsein begleiten uns.

Bei der Reflektion legen wir großen Wert darauf, nachzuhören, was Aktionen im Glauben der Kinder und Jugendlichen bewirkt. Und ab und zu dürfen wir erleben, dass Gott jemanden intensiv berührt. Doch auch hier gilt, wir können Glauben nicht produzieren. Wir können nur an Grenzen heranführen und über diese Erfahrungen sprechen. Bei den Freizeiten ist schon von der Ausschreibung her klar, dass Glaubensthemen eine große Rolle spielen. Natürlich fahren manche mit wegen der Aktion. Andere wegen der Kombination aus Aktion und Glaubensgesprächen.

Zusammenfassung

Alles in allem ist der Bau des Kletterraumes in der Sülzfelder Kirche eine Win-win-Situation für alle Beteiligten. Die kleine Meininger Alpenvereinssektion konnte einen eigenen, bezahlbaren Kletterraum errichten bei einem zuverlässigen Partner (Aussage DAV-Vorstand). Die Kirchgemeinde bekommt Mieteinnahmen für einen Raum, der sonst keinerlei Nutzung hatte. Die kirchliche Jugend kann der Raum zu DAV-Konditionen nutzen. Das Dorf und die Kirche bekamen viel positive Presse. Und alles zusammen ist ein Anziehungspunkt für wöchentlich min. 50 Personen, die sonst kaum eine Kirche betreten würden.

Markus Steffen ist Jugendreferent im Kirchenkreis Meiningen und Jugendreferent für den DAV Meiningen.

Verlierst du noch oder gewinnst du schon?

Die Spannung zwischen Konkurrenz und Kooperation als Herausforderung in gemeindepädagogischen Spielaktivitäten

Catja Donner und Oliver Thunig

»Spielen wir heute noch was?«

Diese Frage bekommen Gemeindepädagogen oft von Kindern zu hören. In der Frage drückt sich ein Drang der Kinder nach freier Bewegung und zwangslosem Spaß aus.

Doch dieser Spielwunsch steht von drei Seiten unter Druck:

1) In einem didaktischen Setting werden Spiele häufig eingesetzt, um etwas Bestimmtes zu erreichen. Ein Spiel soll beispielsweise ein Thema einleiten, verdeutlichen oder vertiefen. In diesem Verständnis gewinnt das Spiel seinen pädagogischen Sinn durch einen Zweck, wie etwa, dass es den Kindern in der Entwicklung bestimmter Problemlösungen helfen soll. Damit geht es aber nicht mehr um »freies Herumtollen«, sondern um eine Aufmerksamkeitssteigerung für die anschließende kognitive Einheit. Der Sinn liegt nicht im Spiel selbst, sondern in dem, was es bezweckt.

2) In der Verzweckung spiegeln sich gesellschaftliche Vorstellungen über Beschäftigungen hinsichtlich ihrer Effizienz und Wirksamkeit. Der vorherrschende Leistungsgedanke unserer Gesellschaft schlägt auf die Spiele der Kinder durch. Wer nicht um den Sieg kämpft, »spielt ja bloß ...«

3) Kinder präferieren selbst oft Spiele mit Wettbewerbscharakter, denn so können sie sich messen und vergleichen. Doch ein Wettbewerb erzeugt immer Gewinner und Verlierer – die freudvolle Erfahrung (des Spielens) wird konterkariert durch ein enttäuschendes Erlebnis.

Aus dieser Spannung ergibt sich die Frage nach der Freiheit des Spiels selbst, nach seinem Nutzen. Grundsätzlicher gefragt: Was brauchen Kinder, z. B. in ihrer Entwicklung? Welche Art von Spiel ist kindgerecht und erfüllt die Bedürfnisse der Kinder? Und was bedeuten diese Fragestellungen für die religions- beziehungsweise gemeindepädagogische Arbeit?

*Spielen heißt irrational und verrückt sein, heißt sich auf eine Zugehörigkeit
einlassen, die allen Lebensformen zugrunde liegt und sie über die Grenzen
der Spezies und gesellschaftlichen Barrieren hinweg miteinander verbindet.*

Theoretisch-konzeptionelle Reflexion

Die Bearbeitung der o. g. Fragen erfordert zunächst
eine spieltheoretische Klärung. Als nach wie vor
hilfreich, weil kulturwissenschaftlich angelegt und
breit gefasst, erweist sich die Definition von Johan
Huizinga: »Spiel ist eine freiwillige Handlung oder
Beschäftigung, die innerhalb gewisser festgesetzter
Grenzen von Zeit und Raum nach freiwillig angenommenen, aber unbedingt bindenden Regeln ver-
richtet wird, ihr Ziel in sich selber hat und begleitet
wird von einem Gefühl der Spannung und Freude
und einem Bewusstsein des ›Andersseins‹ als das
›gewöhnliche Leben‹.«[1] Neben dieser Definition hält
Huizinga auch fest, dass das Spiel einen eigenen
Raum bilde, der sich nur bedingt erklären lasse. Bio-
logische, psychologische und kulturelle Definitionen
griffen insofern zu kurz, als sie auf der ewigen Suche nach dem Sinn seien. Doch Spiel sei und bleibe
immer auch Unsinn.«[2]

Die klassische Spieltheorie behandelt die Spannung zwischen wettbewerbsorientiertem und wett-
bewerbsfreiem Spiel nur am Rande. So kritisiert
etwa Andreas Flitner die »Verzweckung« von Spielen für den Wettkampf in der Schule als Lern- und
Leistungsmotivation. (Flitner 1996, S. 177–78) Die
Schüler würden herausgefordert, ihr Wissen mittels
des Spieles unter Beweis zu stellen. Damit würden
die Gelegenheiten zum spielerischen Erproben ein-
geschränkt und das Individuum sei weniger befreit
von den Konsequenzen des ernsten Handelns außer-
halb dessen, wo sich Spiel ereignet. Denn erst in der
Freiheit des Einzelnen könne Spiel vollkommen sein.
Das heißt: Gerade weil im Spiel Handlungsmöglich-
keiten ohne den Druck der Realität bedacht und ge-
testet werden, sei diese Vorstellung von »Spiel« mit
der heutigen Leistungsgesellschaft schwer verein-
bar. O. Fred Donaldson schaut hinter die kulturellen
Verformungen des Spieles und fragt nach seinem ursprünglichen Sinn und findet ihn phänomenologisch:

In wahrem Spiel finde eine Bewusstseinsverände-
rung statt, welche sich auf Freiheit, Frieden und die
Gleichheit aller Menschen als Spielgefährten ohne
Unterschiede richte. Er beschreibt eine Art innere
Verbindung aller Lebewesen und positioniert sich
entschieden gegen Wettkampf und Leistungsstreben
im Spiel: »Es besteht die Gefahr, dass [wir] spielen,
um etwas Bestimmtes zu erreichen – lernen, sich
geliebt fühlen, imitieren, dazugehören. Dann wird
Spiel langweilig, schwierig oder ernüchternd. [...]
Spielen heißt irrational und verrückt sein, heißt
sich auf eine Zugehörigkeit einlassen, die allen Lebensformen zugrunde liegt und sie über die Grenzen der Spezies und gesellschaftlichen Barrieren
hinweg miteinander verbindet.« (Donaldson 2014,
S. 9/12/16/242/243)

Neben Donaldson fragt auch der Spielpädagoge
Terry Orlick, ob es eine Loslösung des Leistungs-
gedankens vom Spiel geben kann. Orlick sagt, dass
»in unserer Kultur heute nur sehr wenige Spiele gespielt [werden], die speziell so gestaltet sind, dass
alle Spieler auf ein gemeinsames Ziel hinarbeiten.«
(Torrick 1993, S. 13) Weiterhin übt er scharfe Kritik
an zu starren, wertenden, hoch organisierten und
übermäßig zielorientierten Spielformen, die »nicht
frei von Druck durch Beurteilung und von psychischen Qualen bei Missbilligung« (der Verlierer) sind.
Dem stünde ein Miteinander gegenüber, um einen
gemeinsamen, für alle wünschenswerten Ausgang
zu erreichen sowie Raum »für einfachen, guten, alten Spaß« zu schaffen. Aus diesem Grund beschreibt
Terry Orlick sogenannte »Kooperationsspiele«, ohne
streng einzuhaltende Regeln und mit dem Charakter eines freundlichen Wettstreites geringen Gra-
des. Die Teilnehmer sollen das Erlebnis des Spielens an sich genießen und dabei Selbstaufwertung
und Selbstvertrauen gewinnen, ohne Frustration zu
erfahren. Entscheidend hierfür sei, wie der Name
dieser Spiele bereits verrät, die Kooperationsfähig-
keit jedes Einzelnen.

Sowohl Orlick als auch Donaldson beschreiben Spiele, die stark auf ein Miteinander bezo-
gen sind. Ein Gegeneinander lehnen sie vehe-
ment ab. Doch welche Art von Spielen gefällt den

---

1   http://www.spieleautorentagung.de/definitionen/eine-kritische-
    auseinandersetzung-mit-dem-begriff-spiel (04.01.2016)
2   Vgl. die zusammenfassende Darstellung bei Klement in:
    http://titelmagazin.com/artikel/173/9959/johan-huizinga-homo-
    ludens-vom-ursprung-der-kultur-im-spiel.html

Kindern selber besser? Gibt es Faktoren wie Alter oder Geschlecht, die eine Präferenz erkennen lassen, welche Art von Spielen eher gefallen?

Eine Fallstudie

Um Antworten auf die gestellten Fragen zu finden, konzipierten wir eine Fallstudie mit zwei Spielen: (1) einem eher wettbewerbsfreien und (2) einem wettbewerbsorientierten Spiel. Wir achteten darauf, dass die Anlage der beiden Spiele ähnlich oder gleich ist, um eine Vergleichbarkeit zu gewährleisten. Dazu wählten wir ein Kooperationsspiel von Orlick aus und entwickelten daraus ein ähnliches, jedoch wettbewerbsorientiertes Spiel, in dem wir zwei Teams gegeneinander antreten lassen.

Zu Beginn des jeweiligen Spieles stellen sich die Kinder hintereinander auf und legen beide Hände auf die Schultern ihres Vordermanns und bilden somit eine Kette. Dem ersten Kind der Raupe werden die Augen verbunden und das letzte Kind in der Raupe steuert die Raupe per Schulterklopfen nach rechts oder nach links.

Im wettbewerbsorientierten Spiel werden die Kinder in zwei Teams aufgeteilt, beim Kooperationsspiel bilden alle Kinder eine einzige Kette. Die Raupe bzw. Raupen im Wettbewerb haben einen Parcours zu absolvieren. Ziel im wettbewerbsfreien Spiel ist es, diesen Parcours zu meistern, ohne dass dabei die Kette auseinandergerissen wird. Im wettbewerbsorientierten Spiel gewinnt die Mannschaft, die schneller den Parcours beendet.

Diese beiden Spiele wurden mit 25 Kindern von zwei Christenlehregruppen im Alter von 6 bis 12 Jahren durchgeführt. Anschließend füllten sie einen kurzen Fragebogen aus. In einer Art Interviewrunde konnten die Kinder zusätzlich ihre Meinung einbringen.

Ergebnisse/Thesen

Aus den Fragebögen und den transkribierten, inhaltsanalytisch ausgewerteten Interviews ergab sich: Im direkten Vergleich der zwei verschiedenen Spielarten empfanden die Kinder das Spiel mit dem Wettbewerbscharakter als besser.

Dieses Ergebnis wird stark von den Jungen beeinflusst, von denen 80 % das wettbewerbsorientierte Spiel bevorzugten. Ein Junge sagte in der Interviewrunde als Begründung, warum er das Wettbewerbsspiel besser fand: »Weil wir da gewonn ham.« Im Gegensatz dazu gaben Mädchen keine zuordenbare Präferenz zu erkennen, weder für den wettbewerbsfreien noch für den wettbewerbsorientierten Spieltyp.

Neben der Geschlechterunterscheidung spielt auch das Alter eine Rolle. So hat die Mehrheit der älteren Kinder von 9 bis 12 Jahren sich für das wettbewerbsorientierte Spiel entschieden. Ein Argument aus der Interviewrunde war: »Weil man da noch e bissl mehr gefordert wurde.« Die jüngeren Kinder

Es scheint den Versuch zu lohnen, den Kindern Räume zu schaffen, in denen sie frei spielen können, und dabei die Spielzeit nicht starr zu begrenzen. Denn das eigene freie Spiel braucht seine eigene Freiheit und Zeitvorstellung.

(in der Fallstudie 6 bis 8 Jahre) empfanden beide Spiele gleichwertig gut und wollten beide gern wieder spielen.

Grundsätzlich ist uns bei den Ergebnissen klar geworden, dass sich weder die Altersgruppen noch die Geschlechter homogen darstellten. Es gab Ausnahmen, von denen zu fragen ist, ob sie in der pädagogischen Betrachtung berücksichtigt werden sollten. So gab es in unserer Untersuchung zum Beispiel Jungen, die lieber ein wettbewerbsfreies Spiel spielen würden, sowie ein Kind, das beide Spiele nicht gern spielen würde. Wir vermuten, dass zu einer Ablehnung des Spielens allgemein negative Erfahrungen führen können, die mitunter durch Gewinnen und Verlieren eines Spieles erzeugt werden können. So sagte ein Kind in der Interviewrunde; »Ich fand blöd, dass wir verlor'n ham.« Wir begründen unsere Vermutung mit der Beobachtung, dass die Gewinner des wettbewerbsorientierten Spiels das Spiel deutlich besser bewertet haben als die Verlierer. Aber selbst unter dieser Voraussetzung bewerteten die Verlierer des wettbewerbsorientierten Spieles selbiges besser als das wettbewerbsfreie Spiel.

Wieso die Jungen unserer Fallstudie lieber wettbewerbsorientiert spielten und die jüngeren Kinder keine deutliche Präferenz zeigten, können wir nicht beantworten. Jedoch können wir für die gemeindepädagogische Arbeit darüber Aussagen treffen, inwieweit der Ist-Zustand genutzt werden kann, kindgerechte und passende Spiele anzubieten. Das heißt:
(1) Bei älteren Kindern und vorwiegend bei Jungen werden wettbewerbsorientierte Spiele bevorzugt gespielt.
(2) Kooperationsspiele bieten einen Gegensatz zur Leistungsgesellschaft an und schaffen es, dass alle teilnehmenden Kinder gewinnen können.
(3) Wichtig ist dabei, dass die Ausnahmen wahrgenommen werden, wie zum Beispiel, dass nicht alle Jungen ein Wettbewerbsspiel positiv bewerten, Mädchen sich gern im Wettstreit messen wollen oder dass auch die Möglichkeit bestehen kann, nicht an einem Spiel teilzunehmen.

Die Auswertung des Gruppeninterviews ergab, dass das Kooperationsspiel aufgrund eines geringen Schwierigkeitsgrades eine schlechtere Bewertung bekam. Das heißt, Herausforderungen, eben auch als Gruppe, können Spieler motivieren. In der Praxis ist es einfacher, im Wettkampfmodus Herausforderungen zu schaffen, da sich zwei meist gleichstarke Teams miteinander messen. Im kooperativen Spielen dagegen hat der Spielleiter die Funktion den Schwierigkeitsgrad zu bestimmen und zu regeln.

Inwieweit Donaldson's Idee des freien Spielens verwirklicht werden kann, ist zu erproben. Es scheint aber den Versuch zu lohnen, den Kindern Räume zu schaffen, in denen sie frei spielen können, und dabei die Spielzeit nicht starr zu begrenzen. Denn das eigene freie Spiel braucht seine eigene Freiheit und Zeitvorstellung. Donaldson vertritt die Ansicht, dass das freie Spielen eine Verbindung zwischen sich selbst und der Umgebung durch eine universelle Liebe herstellt. Gemeindepädagogisch reflektiert, verstehen wir dies nicht nur als eine Erfahrung eines Austauschs mit der eigenen Umwelt, sondern auch als ein Kennenlernen und Erfahren von und mit Gottes Liebe und der von Gott geschaffenen Welt.

Literatur im Artikel:

Donaldson, O. Fred: Von Herzen spielen. Die Grundlagen des ursprünglichen Spiels. Abor Verlag. Freiamt im Schwarzwald. 2004.
Flitner, Andreas: Spielen-Lernen. Praxis und Deutung des Kinderspiels. R. Piper GmbH & Co. KG. München/Zürich. 1996.
Flitner, Andreas: Spielen-Lernen. Praxis und Deutung des Kinderspiels. R. Piper GmbH & Co. KG. München/Zürich. [10]1996.
Orlick, Terry: Koorperative Spiele. Herausforderung ohne Konkurrenz. Beltz Verlag. Beltz/Weinheim/Basel. 1993.

Catja Donner und Oliver Thunig studieren im Studiengang Evangelische Religionspädagogik mit sozialarbeiterischem Profil an der Evangelischen Hochschule Moritzburg/Sa.

Beim nächsten mal bin ich ein Krieger!

Von Spielen und Erleben durch »Live Action Role Playing« (LARP)

Christiane Knutzen

>»Der Mensch spielt nur, wo er in voller Bedeutung des Wortes Mensch ist, und er ist nur da ganz Mensch, wo er spielt.«*
>
> *Friedrich Schiller*

Digitale Spiele, wie Videospiele, haben längst den Alltag von Jung und Alt durchdrungen. Sie werden nicht mehr nur alleine oder nur Zuhause gespielt, sondern haben bereits Einzug in die Lebenswelt gehalten. Es wird zusammen gespielt, online oder gemeinsam an einem Gerät, es wird über Spiele diskutiert, Spielreferenzen werden symbolisch auf der Kleidung getragen. Auch kulturell haben Videospiele einen enormen Wandel vollzogen. Seit 2009 sind sie in Deutschland als Kulturgut anerkannt, in Schulen werden sie bereits als Lernmedium eingesetzt. In anderen Ländern werden professionelle Spieler, die im sogenannten E-Sport tätig sind, mit Stipendien und sogar Sportvisa belohnt. E-Sport bedeutet das professionelle Spielen von Videospielen mit Wettbewerbscharakter. Videospiele greifen die unterschiedlichsten Themenfelder auf und können sehr diskursive Problematiken vermitteln. Beispielsweise öffnen sogenannte »Serious Games« (ernsthafte Spiele) den Blick für vorher unbekannte gesellschaftliche Fragestellungen.

Das Stigma des Gamers, der sozial inkompetent den ganzen Tag vor seinem PC im Keller verbringt, ist dem Bild eines sozial anerkannten und etablierten Hobbys gewichen. Ein Hobby, das jeder zweite Deutsche teilt: 2016 spielten laut Angabe des Bundesverbandes Interaktive Unterhaltungssoftware (BIU) 34,3 Millionen Deutsche gelegentlich und 28,9 Millionen regelmäßig.

Was ist Spielen?

Spielen ist den Menschen wie den Tieren angeboren und für die Entwicklung sehr wichtig. Im Spiel lernen wir, wir verwandeln uns und wir entdecken. Spielen kann zielgerichtet und mit Regeln versehen sein, wie im Sport, oder frei von allen Zwängen, wie das Spiel von Kindern auf dem Schulhof. Huizinga fasst es zusammen als ›nichternst‹, da es keinerlei Konsequenzen auf die reale Welt hat. Das wichtigste Merkmal des Spieles ist jedoch das Vergnügen am Spiel selbst. Hierbei ist es unerheblich, ob wir vom Videospiel sprechen oder nicht. Relevant ist, dass wir das Spielen beliebig erweitern und ausüben können. Es geht um das Eintauchen in eine andere Realität, um das Abstreifen des Alltags und um den Spaß.

Viele dem Videospiel ähnlich stigmatisierte Formen des Spiels erleben derzeit eine neue Blüte. So sind sogenannte Pen-&-Paper-Rollenspiele (Spiele, die nach einem bestimmten Regelsystem mit Papier und Stift gespielt werden) wie ›Dungeons & Dragons‹ weit verbreitet. Aber auch das Übertragen von Videospielszenarien in den realen Raum erfreut sich größer werdender Beliebtheit.

Was ist LARP?

»Ich bin hier der Defensor …«, eines von typischen Zitaten aus einem »Live Action Role Playing« (LARP), das die Mitspieler darauf aufmerksam machen soll, dass der eigene Charakter für die Verteidigung konzipiert wurde. Für Außenstehende ein Satz mit wenig Sinngehalt ist er für eingefleischte Spieler und Spielerinnen sofort verständlich. Das LARP heißt frei übersetzt soviel wie: ›aktives Rollenspiel‹ und stellt einen Hybrid aus Pen & Paper und dem Improvisationstheater dar. Hierbei schlüpft man im wahrsten Sinne des Wortes in ein Rollenspiel. Man begibt sich in eine andere Welt, mit eigenen Re-

Foto: Sascha Weidenbach

Basis für außergewöhnliche LARPs hergenommen. Seltener gibt es den Spielern die Möglichkeit, den digitalen Charakter, den sie bereits lieb gewonnen haben, als reale Person nachzuspielen und diese Avatar-Mensch-Beziehung zu vertiefen. Oft haben Spieler viele Stunden mit dem virtuellen Ich verbracht und genießen es, diese Rolle komplett annehmen zu können.

Ein anderes Beispiel wäre ein LARP im Schulkontext. Kulturhistorische Themen, wie beispielsweise das derzeit aktuelle Reformationsjubiläum, können als Themen aufgegriffen und verarbeitet werden. Hier könnte die Fragestellung für die Schüler und Schülerinnen lauten: Wie hätte ich zur Zeit Luthers die Reformation erlebt und wahrgenommen. Ein Setting wird gegeben, z. B. kann die Klasse ein Dorf simulieren, das vom Thesenanschlag erfahren hat. Dann muss sie auf Basis dessen, was sie gelernt hat, reagieren. Unterschiedliche Rollen können angenommen werden, um Konflikte zu simulieren. Hier werden vor allem soziale und kreative Kompetenzen gefördert und geschult.

Genau wie das Medium Videospiel wurde auch das LARP als Instrument sinnvollen Lernens entdeckt. Besonders hervorzuheben ist eine Schule im belgischen Verdun, die ihre gesamten Unterrichtsinhalte durch Rollenspiele vermittelt. So werden alle Themen wie Geschichte, Mathematik oder Geographie durch ständig wechselnde Szenarien vermittelt. Im wöchentlichen Wechsel werden Themen wie der Zweite Weltkrieg oder aber der Niedergang des Römischen Reiches behandelt. Das emotionale und physische Verarbeiten des Erlernten lässt die Schüler und Schülerinnen den Stoff nicht so schnell wieder vergessen. Die einzigen Regeln: Keine Drogen und keine NS-Symbole, ansonsten sind der Kreativität und dem Einsatz der Schüler keine Grenzen gesetzt.

Links:
http://sz-magazin.sueddeutsche.de/texte/anzeigen/44095/Spiel-des-Lebens
http://www.zeit.de/2013/04/Schule-Rollenspielschule-Daenemark

Weiterführende Literatur zum Thema:
Balzer, M. (2011). Live action role playing:
Die Entwicklung realer Kompetenzen in virtuellen Welten. Tectum Verlag.

geln und eigenem Vokabular. Was für viele Menschen befremdlich wirkt, ist Spielen im ursprünglichen Sinne des Wortes.

Meist geht ein LARP, in dem streng die vorher vereinbarten Parameter des Szenarios, wie Sprache, Kleidung und natürlich die neu angenommene Persönlichkeit, eingehalten werden müssen, über ein Wochenende.

Es gilt: je realistischer umso besser. Die angenommenen Rollen werden von den Spielern und Spielerinnen nicht oder nur in speziell gekennzeichneten Bereichen abgelegt. Beispielsweise ist Telefonieren als Ork mitten auf dem Schlachtfeld ein Tabu. Ähnlich dem Pen & Paper garantiert der Leiter des LARP den reibungslosen Ablauf des Spiels. Meist gehören zu der fiktiv geschaffenen Welt auch fiktive Bewohner mit eigenen Aufgaben und Biographien. Was es jedoch abgrenzt, ist die physische Belastung, die bei Videospielen oder anderen Ablegern ausbleibt. Im Zentrum steht immer die soziale Kompetenz der Spieler und Spielerinnen.

Ein Beispiel – und dann noch eins

Beliebte und teilweise sehr große LARPs sind unter anderem dem Fantasy-Genre angehörig. Hier sind der Kreativität keine Grenzen gesetzt. Meist werden bekannte Geschichten wie J. R. R. Tolkiens »Herr der Ringe« oder die Scheibenwelt von Terry Pratchett herangezogen. Entweder werden die Geschichten nachgespielt oder als sogenanntes Setting (Rahmenbedingungen) genutzt, um eigene Geschichten durchzuspielen. Diese großen LARPs finden meist auf sogenannten Cons statt. Die Regelwerke und Biografien sind entweder aus bereits bestehenden LARPs vorgegeben oder werden selbst verfasst. Auch Settings beliebter Videospiele werden portiert und als

Christiane Knutzen ist Studentin der Kinder- und Jugend-Medien an der Universität Erfurt und hat die organisatorische Leitung der Hochschulgruppe Gaming Erfurt.

Theater-pädagogik

Claudia Kühn

Die Theaterpädagogik hat sich in den letzten 20 Jahren rasant entwickelt. Sie nimmt heute einen festen Platz in unterschiedlichen Bildungseinrichtungen, Theatern und Hochschulen ein. Theaterpädagogik hat sich als Lernfach etabliert und ist Teil zahlreicher Prozesse in den unterschiedlichsten Arbeitsfeldern.

Theaterpädagogische Methoden sind aus vielen Bereichen nicht mehr wegzudenken. Sie finden neben der Schule in der Jugendarbeit und in der Arbeit mit Kindern statt. Es gibt Projekte zur Arbeit mit verhaltensauffälligen Kindern und Jugendlichen, mit Auszubildenden, mit Menschen mit Behinderungen und mit Senioren. Sie finden sich in Managerseminaren und der Erwachsenenbildung, wenn es z. B. um Personalführung, Auftreten und Präsenz geht. Sie findet ebenfalls Anwendung, wenn es um die Aktivierung kreativer Prozesse zur Projektentwicklung und Konfliktlösung geht. Wir finden sie in der Psychologie, z. B. der Therapie, in der Familienaufstellung und im Psycho-Drama. Es gibt Theaterprojekte mit Menschen mit psychischen Störungen, die anhand des Spielens lernen, besser mit ihrer Erkrankung umzugehen. Die Methoden finden Anwendung, wenn es um Kommunikation, Interaktion und kreatives Denken geht.[1]

Vom Theater zur Pädagogik

Meine eigene Erfahrung mit Theaterarbeit hat mich an die unterschiedlichsten Orte geführt und immer war es die Auseinandersetzung mit mir selbst und mit den anderen im Probenprozess und auf der Bühne, die mich in meiner Entwicklung als Schauspielerin und als Mensch gefördert und gefordert hat. Theaterarbeit ist Ensemble- bzw. Gruppenarbeit. Ohne die Gruppe kein Konflikt – denn »ohne Konflikt, kein Theater«[2] (Augusto Boal). Durch das Spiel lernen wir einander kennen, können uns ausprobieren, können verschiedene (Konflikt-)Lösungen durchspielen und, geschützt durch eine Rolle, eingefahrene Verhaltensmuster hinterfragen. Wir erleben, wie es sich anfühlt, etwas ganz anders zu machen, als wir es im »richtigen« Leben tun würden. Der Rahmen, in dem wir diese Erfahrungen machen, ist eine Geschichte. Der Schutzraum der Geschichte ist eine Bühne.

In der Geschichte entstehen Themen, Fragestellungen und Figuren und mit ihrer Entstehung die Frage, wie man sie lebendig und glaubwürdig gestalten kann. Der Gruppe kommt eine besondere Rolle zu, denn sie ist Inspiration und »Helfer« in diesem lebhaften Prozess. Dies gilt sowohl in der professionellen Theaterarbeit als auch in der theaterpädagogischen Arbeit mit Laien. Während am Theater häufig mit fertigen Konzepten gearbeitet wird (der Vision eines Regisseurs/Regisseurin), steht in der theaterpädagogischen Arbeit allerdings der Prozess mit den Teilnehmenden im Vordergrund.

Methoden und Didaktik

Theaterspielen ist ein höchst komplexer Vorgang. Es erfordert vielfältige Fähigkeiten, wie die genaue Beobachtung (Selbst- und Fremdwahrnehmung), Abstraktionsvermögen (Spieler – Figur), Phantasie und Inspirationsfähigkeit, Vorstellungskraft, körperliche und stimmliche Ausdrucksfähigkeit und die Entwicklung zur Wahrnehmung von Gestaltung eines ästhetischen Produkts im Sinne einer Inszenierung.[3] Im theaterpädagogischen Prozess wird mit unterschiedlichen Spielmethoden gearbeitet (z. B. Kennlernspiel, Körperspiel, Bewegungsspiel, Kontaktspiel, Improvisationsspiel, Statusspiel, Rollenspiel, Kommunikationsspiel, etc.).[4]

In der Stückerarbeitung und -entwicklung beschäftigen wir uns mit den sog. W-Fragen (Wer/Was? Wie viele? Wo? Wann? Wie? Warum?), arbeiten mit Choreografien (inszenierten Bewegungsabläufen), mit Musik und auch anderen Kunstformen (Bildende Kunst, Filme, Projektionen, etc.). Die theaterpädagogischen Entwicklungsphasen von der ersten Be-

gegnung bis hin zur szenischen Präsentation lassen sich beispielhaft folgendermaßen darstellen:

1. Phase: Kennenlernen, warm up (körperliche und mentale Einstimmung)
2. Phase: Körperbewusstsein, Interaktion, Gruppendynamik (Gruppe und Raum – Interaktionsübungen, Ausdrucksübungen)
3. Spieltechniken, Improvisation, erste Präsentationen
4. Kooperation und Planung in Kleingruppen, szenische Präsentation, Stehgreifimprovisation, Zuschauer-Feedback und Auswertung

Theaterarbeit ist meist projektbezogen, man arbeitet über einen bestimmten Zeitraum miteinander. Die Spielleitung sollte ein methodisches Konzept erarbeiten, um den Prozess sinnvoll zu begleiten. Neben dem klassischen Theaterstück gibt es vielfältige andere Theaterformen, um sich der Theaterarbeit anzunähern, wie z. B. das Biografische Theater, Dokumentarisches Theater, Performance, Unsichtbares Theater, Schwarzlichttheater u. a.

Die zentrale Frage, die sich die Teilnehmenden im Arbeitsprozess immer wieder stellen lautet: »Wer hat was mit wem wo unter welchen Bedingungen, Voraussetzungen und Zielsetzungen zu tun?«

Die Rolle der Spielleitung

Der Rolle der Spielleitung kommt in der theaterpädagogischen Arbeit eine besondere Bedeutung zu. Im Gegensatz zur Regie am professionellen Theater nähern sich Spielleitung und Teilnehmende einander an und lernen voneinander. Das Verhältnis »Lehrer–Schüler« verändert sich im Laufe des Prozesses, da die Spielenden immer mehr zu Experten werden und mit wachsendem Selbstvertrauen und sich entwickelnden Fähigkeiten in den Arbeitsprozess eingreifen. Wie viel Raum die Spielleitung zur Verfügung stellt, hat mit der eigenen Theaterauffassung zu tun und mit der Bereitschaft, im Verlauf der Arbeit eine immer mehr begleitende und beratende Funktion einzunehmen. Ziel sollte es sein, die »naturliche Spielfähigkeit der Spielenden durch das Theater sichtbar zu machen«[5].

»Beim Theaterspielen geht es – trotz aller sozialen Relevanz – nicht primär darum, dass mit seiner Hilfe etwas gelernt wird, und es ist auch keine Methode, durch die für etwas gelernt wird, vielmehr entstehen im ästhetischen Ereignis des Theaterspiels, in dem Ästhetik, Theatralität, Leiblichkeit sowie Ethik, Sinn und Reflexionen miteinander verbunden sind, neue Erfahrungen.«[6]

Theaterpädagogik im kirchlichen Kontext

Theater in der Kirche hat eine lange Tradition. Sie reicht vom Krippenspiel bis hin zum Anspiel im Gottesdienst. In den 1970er Jahren entwickelten sich in der Kirche bunte, vielseitige Spielangebote, die von der klassischen Stückerarbeitung über die unter-

schiedlichsten Theaterformen bis hin zum Kabarett reichte und die kirchliche Theaterarbeit bis heute mit Fragen des gesellschaftlichen und politischen Theaters verbindet. In dieser Zeit entwickelte sich auch das Bibliodrama und es entstanden kirchliche Fort- und Ausbildungsmöglichkeiten im Bereich der Spiel- und Theaterpädagogik.

Die biblischen Geschichten mit Kindern und Jugendlichen theaterpädagogisch zu erarbeiten und zu untersuchen ist eine Möglichkeit, sich mit den Themen Glaube und Religion auseinanderzusetzten und einen emotionalen Zugang zu ermöglichen. Wichtig dabei erscheint mir jedoch, die Teilnehmenden in den Prozess einzubeziehen und eigene Lesarten zuzulassen. Ein Prozess, in dem zu Beginn eine vorab definierte Zielvorstellung steht, behindert häufig den Prozessverlauf. Wie viel Kunst darf sein in der Kirche? Die Einstellungen sind vielfältig und kontrovers.[7] Wenn wir Partizipation wirklich wollen und ernstnehmen, dann müssen wir sie ermöglichen, auch wenn das Ergebnis nicht immer den eignen Vorstellungen entspricht. Doch gerade diese Spannung empfinde ich als Chance und Herausforderung.

Literatur

1 Vgl. Lektionen 5, Theaterpädagogik, Christoph Nix, Dietmar Sachser, Marianne Streisand (Hg.), Theater der Zeit, 2012.

2 Vgl. Augusto Boal, Theater der Unterdrückten.

3 Vgl. Romi Domkowsky, Theater spielen – Theater machen, Infodienst, Magazin für kulturelle Bildung Nr. 7/09).

4 Vgl. Keith Johnstone, Theaterspiele, Augusto Boal, Theater der Unterdrückten, Viola Spolin, Punkt der Konzentration.

5 Vgl. Christel Hoffmann/Annett Israel »Theaterspielen mit Kindern und Jugendlichen«, Konzepte/Methoden/Übungen, S. 13–24, Juventa Verlag.

6 Vgl. Florian Vaßen, Theater±Pädagogik, Lektionen 5, Theaterpädagogik, Christoph Nix, Dietmar Sachser, Marianne Streisand (Hg.), Theater der Zeit, 2012.

7 Vgl. Maren Schmidt, Kirche und Theater, Lektionen 5, Theaterpädagogik, Christoph Nix, Dietmar Sachser, Marianne Streisand (Hg.), Theater der Zeit, 2012.

Claudia Kühn ist Schauspielerin und Regisseurin und arbeitet als Studienleiterin Kulturelle Jugendbildung im Amt für kirchliche Dienste der EKBO.

Theater in der Gemeinde?

Warum nicht.

Philip Graffam

Im Jahre 1998 habe ich meine erste Pfarrstelle angetreten und seit dieser Zeit in aller Regelmäßigkeit Theatergruppen geleitet oder selber in der Gemeindetheatergruppe gespielt. Ich sehe im Theaterspielen eine große und gute Möglichkeit, Gemeinde zu bauen.

Das Aufbauen einer Laienspielgruppe geht nicht nach schnellem Erfolgsrezept, sondern ist ein langer, über Jahre gehender Prozess, der nicht auf die Schnelle erledigt werden kann. Zwar lässt sich ein Krippenspiel für Weihnachten z. B. schnell mit Konfirmanden einüben oder zur Aufführung bringen, doch dann ist das, was ich mit dem Laientheater erreichen möchte, noch lange nicht erreicht. Denn im Wesentlichen geht es darum, möglichst viele Gemeindemitglieder unterschiedlichsten Alters, Interessen und sozialer Herkunft in diese Arbeit zu integrieren. Laientheater sollte auf die ganze Gemeinde ausgerichtet sein.

Gemeindeentwicklung

Dabei leitet mich eine große biblisch-theologische Vision, angelehnt an die Vision des Apostels Paulus mit dem Bild von der Gemeinde als Leib mit seinen vielen Gliedern (1.Kor. 12). Eine große Gruppe bereichert die Gemeinde und sich selber mit der Auseinandersetzung mit und Darstellung von geistlichen und lebensbegleitenden Fragen durch das Theaterspielen, in des alle ihre Gaben und Talente einbringen.

»Denn auch der Leib ist nicht ein Glied, sondern viele.« (1.Kor 12,14)

Dabei sein ist alles. Daher sollte man bestrebt sein, eine möglichst große Gruppe aufzubauen und so viele Gemeindemitglieder wie möglich in den Prozess einzubinden. Wer einmal einen Filmnachspann verfolgt hat, dem sind mit Sicherheit die vielen Namen und Aufgabenbereiche aufgefallen, die am Ende abspielt werden. Bei einer Theateraufführung ist es nicht viel anders. Es gibt kaum ein Gebiet, das so vielseitig in seinen Aufgabenbereichen ist wie das Theater.

Aufgabenbereiche, für die es innerhalb einer Gemeinde mit Sicherheit genügend begabte Leute gibt, nicht nur für das Spielen selbst, sondern auch für eine Vielzahl und Vielfalt anderer Aufgaben. In der Laienspielgruppe meiner Heimatgemeinde haben sich über die Jahre einige Sparten gebildet, die an jeder Aufführung beteiligt waren, ohne ein einziges Mal mitgespielt zu haben: Technikinteressierte, Künstler für Bühnenbild und Bau, Näher und Näherinnen für die Kostüme, Schminken, Frisieren – es gibt kein Talent, das im Theater keine Aufgabe findet.

Projektstruktur

Eine große Chance sehe ich auch in der ziel- und zeitbezogenen Projektstruktur des Laientheaters. Die einzelnen können immer wieder neu entscheiden, ob und wie sie sich in einem überschaubaren Umfang und kalkulierbaren zeitlichen Rahmen engagieren. Habe ich bei einer Produktion mitgemacht, so kann ich bei der nächsten pausieren, sei es aus zeitlichen, beruflichen oder familiären Gründen. Ich kann aber ebenso später wieder einsteigen, ohne den Anschluss verpasst zu haben, denn mit einem neuen Stück beginnt auch ein neuer Prozess.

Und wer überhaupt nicht am Prozess eines Stückes beteiligt sein möchte oder kann, der ist als Zuschauer herzlich willkommen.

Teamarbeit

Für den Gruppenprozess ist es wichtig, dass die Aufgaben innerhalb der Gruppe nicht in ihrer Bedeutung bewertet werden und dass sich nicht Starallüren aufbauen können. Die Aufführung eines Theaterstückes mit Laien ist eine komplexe Angelegenheit, in dem jeder auf den anderen angewiesen ist. Natürlich werden die Schauspieler sagen können, dass ohne sie die Aufführung keinen Sinn hätte, aber wenn sie im Dunkeln stehen, nicht zu hören wären und ihnen kein Kostüm zur Verfügung stünde, könnten auch sie nicht viel ausrichten.

Ein weiterer, wichtiger Punkt ist die Chance zur generationsübergreifenden Arbeit und die Interaktion der einzelnen alters- und interessenspezifischen Gruppen. In vielen Gemeinden ist es bereits üblich, dass die Kindergartengruppe oder Jugendgruppe zu Seniorenveranstaltungen oder zu Familengottesdiensten mit kleineren Einlagen oder Aufführungen beiträgt. Diese Impulse eignen sich großartig dazu, Einzelne anzusprechen und die Gruppe zu erweitern. Und hat man einmal erreicht, dass Einzelne bereit sind für andere zu spielen, dann lässt sich mit Sicherheit auch eine gemischte Gruppe bilden, die für die ganze Gemeinde spielt.

Dazu ist es ratsam dort anzusetzen, wo bereits ein Anfang gemacht worden ist. Beim Krippenspiel z. B., aus dem dann langsam und behutsam die Laientheaterarbeit fortgesetzt und Schritt für Schritt ausgebaut werden kann.

Nach dem Beginn mit einem Krippenspiel, das vielleicht noch allein von Jugendlichen aufgeführt wurde, kann man den Versuch starten die Generationen zu mischen. Sei es mit dem Angebot von Seminaren oder Familienfreizeiten, wo ohne den Druck einer Aufführung erste Erfahrungen gesammelt werden können oder bereits mit einer gemeinsamen, im Rahmen des Gottesdienstes gesetzten Aufführung.

Neue gewinnen

Um neue Spieler und Mitarbeiter zu gewinnen, ist es ratsam, neben der Abkündigung im Gottesdienst, der Einladung im Gemeindebrief und den eventuell aufgehängten Plakaten einzelne Personen persönlich anzusprechen und sie für das nächste Projekt einzuladen und ihnen unmissverständlich zu verstehen zu geben, warum gerade sie für diese besondere Rolle oder Aufgabe der oder die richtige sei.

Aufführung

Die Gemeinschaft innerhalb der Gruppe, das Erarbeiten des Stückes, die Auseinandersetzung mit dem Thema sind wertvolle Erfahrungen und können für sich schon allein als Ziel reichen. Aber das Laienspiel lebt von der Aufführung, sei es im Gottesdienst oder auch in einer eigenen Veranstaltung. Für diesen Moment ist jeder in der Gruppe bereit, seine Freizeit zu opfern, auf dieses Ziel hin wird hart gearbeitet. Für den schöpferischen Prozess des Theaterspielens ist es sehr wichtig, dass man sich einen konkreten Termin setzt, an dem die Aufführung stattfinden soll. Mit dem konkreten Ziel vor Augen ist das Spielen konzentrierter, effektiver und hält die nötige Spannung aufrecht. Außerdem werden die Darsteller und alle Helfer durch die Würdigung in der Aufführung ernst genommen.

Die Anstrengungen, die man auf sich nimmt, das Auswendiglernen der Rolle, die Herstellung von Kulissen und Kostümen, Beleuchtung und Requisiten sollten in der Aufführung belohnt werden. Denn auch für den Laien ist der Applaus die schönste Belohnung seiner Bemühungen und schafft Motivation für weitere Aufführungen.

Nach jeder Aufführung sollte die Gruppe sich noch einmal zusammensetzen und die Aufführung kritisch nachbesprechen, Erfahrungen austauschen, den Emotionen freien Lauf lassen und vor allem Lob für gute Leistungen austeilen. Außerdem tut es der Gruppe sehr gut, wenn im Anschluss zusammen gefeiert wird.

Philip Graffam ist Pastor in der Evangelisch-lutherischen Kirchengemeinde Lauenburg/Elbe in Schleswig-Holstein.

Kinder und Jugendliche haben oft einen langen Schultag hinter sich, wenn sie am Nachmittag in die Gruppenstunden kommen. Sie brauchen Raum und Zeit, um abzuschalten, loszulassen und anzukommen. Die Aufwärmphase dient diesem Ankommen. Außerdem wird der Bewegungs- und Energiedrang aufgenommen. Das WARMING UP kann auch schon inhaltlich das Thema anreißen und einführen. Ich plane dafür insgesamt bis zu 20 Minuten ein.

Im Laufe der Jahre habe ich meine Favoriten gefunden und gute Erfahrungen damit gemacht.

WARMING UP

Spiele und Aktionen zum Warmwerden und Ankommen

Marit Krafcick

Energie-klatschkreis

Die Teilnehmer stehen im Kreis. Ein Klatsch in die Hände wird nach rechts zum Nachbarn mit Zipp weitergegeben und dem linken Nachbarn mit Zapp. Dabei schauen sich die beiden Akteure in die Augen und klatschen kräftig in die Hände. Danach darf der nächste Spieler entscheiden, gebe ich meinen Händeklatsch nach links oder rechts weiter. Als dritte Möglichkeit gibt es den Boing, einen imaginären Wurf zu einem Mitspieler im Kreis. Dieser kann nun auch wieder zwischen Zipp, Zapp oder Boing wählen.

Anzahl der Spieler: bis 20
Spieldauer: 5–10 Minuten
Materialien: keine   (nach Rüdiger Gilsdorf, Günter Kistner, Kooperative Abenteuerspiele)

Rakete

Die Teilnehmer stehen im Kreis. Alle machen die Bewegung gleichzeitig, die der Spielleiter vorgibt. Das Tempo wird erhöht, ebenso die Lautstärke. Begleitet wird das Ganze durch Brummen und Zischen der Rakete
- Klatschen auf die Oberschenkel
- Trampeln mit den Füßen
- Brummen wie eine Maschine
- ganz schnell trampeln, Arme hoch werfen und laut rufen

Anzahl der Spieler: beliebig
Spieldauer: 2 Minuten
Materialien: keine   (nach Angelika Albrecht Schaffer, Theaterwerkstatt für Kinder)

Farbknäuel
ähnlich Twister – nur live

Die Teilnehmer stehen im Kreis. Der Spielleiter nennt Farbe und Körperteil und die Teilnehmer müssen diese berühren. Dazu gibt es einen Bumerang mit den Farben gelb, orange, rot, blau und grün.

Anzahl der Spieler: beliebig
Spieldauer: 5–10 Minuten
Materialien: keine

Obstkorb

Dieses Spiel gibt es in unzähligen Varianten. Man kann es gut verwenden, um ein Thema einzuführen. Dabei ist folgendes immer gleich.

Die Teilnehmer sitzen im Stuhlkreis, ein Stuhl weniger als Teilnehmer. Der Spielleiter steht in der Mitte. Jetzt werden die anderen Teilnehmer eingeteilt je nach Größe der Gruppe mit einem Begriff zu einem Thema. Insgesamt sollten es zwischen drei und zehn Begriffen sein. Der Spielleiter in der Mitte ruft zwei der Begriffe und diese müssen ihre Plätze wechseln. Dabei versucht der Spielleiter einen freien Stuhl zu erwischen. Derjenige, der keinen Stuhl bekommen hat, ist der nächste Spielleiter. Bei einem ausgemachten Oberbegriff müssen alle die Plätze wechseln.

Obstkorb: Ich schreibe eine E-Mail an …
(Drei Namen aus der Runde nennen)
Oberbegriff: Virus
Obstkorb: Äpfel, Bananen …
Oberbegriff: Obstkorb fällt um

Anzahl der Spieler: Große Gruppen bis 30
Spieldauer: 20 Minuten
Materialien: keine

Atomspiel

Die Teilnehmer gehen locker durch den Raum. Die Spielleiterin ruft eine Zahl. So finden sich die Teilnehmer zusammen. Sie müssen dann eine Aufgabe erfüllen. Auch hier kann man gut die Aktion mit dem Thema verbinden. Der Spielleiter muss sich vorher überlegen, mit wie viel Personen die Aufgabe zu lösen ist. Aufgaben können sein:

1. erzählt euch eine Begegnung von heute
2. malt imaginär einen Baum
3. tragt imaginär eine große Kiste oder Glasplatte
4. hüpft zusammen eine Runde durch den Raum
5. tragt einen Teilnehmer
6. ihr seid eine Blume, ein Toaster, ein Klavier …

Anzahl: beliebig
Spieldauer: 10 Minuten
Materialien: keine

STOP AND GO

Diese Aktion kann auch in unzähligen Varianten eingesetzt werden. Gleich ist immer, dass der Spielleiter die Kommandos gibt. Bei »Stopp« bleiben alle stehen und frieren ein. Bei »Go« können alle wieder gehen. Alle bewegen sich durch den Raum, jeder in seinem Tempo. Im eingefrorenen Zustand bekommen die Teilnehmer einen Impuls, den sie beim nächsten »Go« umsetzen müssen. Hier kann man auch gut das Thema der Gruppenstunde einführen.

Mögliche Impulse z. B. für Bewegung:
1. möglichst viele Hände schütteln
2. vielen auf die Schulter klopfen
3. schnell alle vier Wände im Raum berühren
4. Begrüßungen in verschiedenen Varianten/Ländern
5. möglichst viele an die Ferse fassen, ohne selbst angefasst zu werden
6. rückwärts gehen
7. ganz groß laufen oder ganz klein

Mögliche Impulse für Gefühle:
1. traurig gehen
2. fröhlich
3. ängstlich
4. frech
5. hochnäsig
6. neugierig
7. verliebt
8. verletzt

Anzahl der Spieler: beliebig
Spieldauer: 15 Minuten
Materialien: keine   (nach Angelika Albrecht Schaffer, Theaterwerkstatt für Kinder)

Marit Krafcick ist Kreisreferentin für die Arbeit mit Kindern und Familien im Kirchenkreis Eisleben-Sömmerda.

LIEDENTFALTUNGEN

HERZ und MUND und KOPF und HAND

Singen mit Kindern – ein Praxisblick

Martina Hergt

Zielbestimmung

»Beim Singen musst Du das große Ganze im Blick haben ...« Dieser Satz einer Chorleitungsstunde verfolgt mich bis heute. Was ist denn das »große Ganze« im Hinblick auf meine musikalische Arbeit mit Kindern? Welche Zielsetzung, welche Ausrichtungen und Umsetzungsformen sollen maßgeblich meine Arbeit prägen?

Methodenbestimmung

In der ganz praktischen Beschreibung meiner musikalischen Arbeit mit Kindern sind mir verschiedene Wahrnehmungsebenen wichtig. Ich beschreibe sie mit den Bildern Herz – Mund – Kopf – Hand. Die Betrachtung dieser vier Ebenen hilft, das »große Ganze« im Blick zu behalten. Ich werde die Bilder im Folgenden kurz beschreiben und anhand von Praxisbeispielen entfalten.

Herz – Das Herz beschreibt für mich als Bild: Ich muss für die Sache brennen. Zum einen für die Inhalte meiner Arbeit: »Dieser Text drückt etwas sehr wichtiges in meinen Glaubensvollzügen aus.« oder »Diese Melodie, Musik offenbart mir einen Zugang zu ...« Zum anderen ist hier die Erkenntnis wichtig, dass die Arbeit mit Kindern eine ganz besondere Sache ist. Kinder sind als Kinder ernst zu nehmen, denn sie beschenken uns mit ihrem Blick auf die Welt. Der Zugang über das Herz ist immer sehr persönlich und auch emotional. Ich zeige mich vor den Kindern als Mensch. Kinder haben ein genaues Gespür, ob ich authentisch und ehrlich bin oder ob ich mir da etwas »aufsetze« oder im schlimmsten Fall sie zu etwas benutze oder überrede.

Der Zugang über das Herz schafft Vertrauen und persönliche Beziehungen, ich kann mich diesen Bindungen in der Arbeit mit Kindern nicht entziehen. Arbeit mit Menschen ist immer **Beziehungs- und Persönlichkeitsarbeit,** mit Kindern umso mehr.

Mund – Natürlich brauche ich gute **Technik** für ein qualitätsvolles Singen. Ich muss Bilder finden, die spielerisch technische Dinge für Kinder nachvollziehbar beschreiben und die der guten stimmlichen Erarbeitung eines Stückes dienen oder als Übungen taugen.

Kopf – Wissen und **Verstehen** sind zwei verschiedene Dinge. Wir speichern langfristig in unserem Kopf nur das Wissen ab, das uns wortwörtlich betrifft und für unsere Person zukünftig sinnbringend erscheint. Der Kopf hinterfragt mich in meiner musikalischen Arbeit: Können die Kinder mit diesem Erklärungsmittel wirklich verstehen, was gemeint ist? Werden für ein Lied, Text oder für ein Musikstück nicht nur unverständliche Worte bzw. Passagen übersetzt, alte Sprach- bzw. Musikmuster erklärt oder etwas über die Entstehung erzählt? Doch sollte dies wohl dosiert geschehen und keinesfalls zerredend wirken. An erster Stelle dürfen sich die Kinder selber einen Zugang schaffen. Sie werden gefragt: »Warum brauchen wir dieses Lied? Wo kommt es im Gottesdienst vor? Wobei hilft mir dieser Gesang oder diese Musik?« Die Antworten der Kinder auf diese Fragen können ganz unterschiedlich aussehen und auch ganz anders als wir Erwachsene denken. Die Suche nach einer eigenen Antwort fordert eine eigene Haltung heraus und prägt die Persönlichkeitsentwicklung nachhaltig. Sehr genau schauen sich die Kinder die persönlichen Antworten an, die wir Erwachsene darauf gefunden haben und die wir ihnen vorleben.

Natürlich gehört auch das Lernen von Regeln des Umgangs im Chor zu der Metapher vom Kopf. Vorsingen – Nachsingen, Stille – Aktion, Regeln der Mehrstimmigkeit – Improvisation, Solo – Tutti, Konzentrationsphase – Pause usw.

Hand – Jede musikalische Umsetzung muss sich **körperlich** vollziehen. Ein Lied oder Musikstück muss ankommen in den Händen, im Bauch, in den Beinen, im Spiel mit dem Raum und mit Bewegungen. Inhalt und Form, Text oder Melodiegang des Liedes müssen erfahrbar werden – auch ganz unabhängig vom verstandesmäßigen Erlernen. Je jünger die Kinder sind, desto wichtiger ist diese Komponente von Anfang an im Vollzug der ersten Probeprozesse. Bewegung gehört elementar dazu. Je älter die Kinder werden, umso mehr sind sie auf andere Bewegungs- und Körperwahrnehmungen und Erfahrungen aus und mit dem Raum zu sensibilisieren, z. B. wie klingt meine Stimme in einem halligen Kirchenraum, wie spiegeln andere meinen Stimmklang, was kann ich mit Echo-Spielen und ungewöhnlichen Aufstellungen über meine Körperstimme erfahren, wie verändert sich mein Hören und das Spüren der Tongebung im eigenen Körper bei Veränderung der Singhaltung. Auch »liturgische« Gesten als Körperhaltungen zum Inhalt nach innen und nach außen können musikalische Erfahrungen und Inhalte vertiefen.

Umsetzung

Im folgenden Praxisbeispiel habe ich mich bewusst auf kleinere musikalische Formen wie Lied oder Kanon beschränkt.

VERKNÜPFUNGEN

Pfingstlied + Improvisation + Instrumentalmusik

A) Sagt, wer kann den Wind sehn aus »Mein Herz ist bereit« Nr. 27 (Carus) mit der Liedkombination Komm, heilger Geist aus »Singt von Hoffnung« Nr. 21 (Evangelische Verlagsanstalt)

B) Bewegung zur Musik mit bunten Schwungbändern; »Der stürmische Aeolus« aus der Wassermusik von Georg Philipp Telemann (verschiedenste CD-Einspielung im Handel erhältlich)

LIEDTEXT: **Sagt, wer kann den Wind sehn**

1. Sagt, wer kann den Wind sehn? Niemand kann ihn sehn, aber wenn wir lauschen, hören wir sein Wehn.

2. Er tut große Dinge, treibt die Wolken her, macht die Felder fruchtbar und bewegt das Meer.

3. Wer kann Gottes Geist sehn? Niemand kann ihn sehn. Doch wer auf ihn wartet, lernt ihn wohl verstehn.

4. Er tut große Dinge, lehrt uns Gott vertraun, dass wir glauben können, ohne ihn zu schaun.

5. Jesus sagt uns allen: »Bittet Gott den Herrn, dass er euch den Geist gibt und er gibt ihn gern.«

Text: Hilde Möller nach dem schwedischen »Vinden ser vi inte« von Anders Frostenson; Melodie: Erhardt Wikfeldt

---

Kontext: Das Lied gehört in den Pfingstkreis des Kirchenjahres und beschreibt ein wichtiges Thema: Was ist Gottes Geist? In ihrer Lebensumwelt sind Kinder von unzähligen kleinen Geistern, Gespenstern und anderen Fantasiewesen in Animationsfilmen und Kinderbüchern umgeben. In einfachen klaren Bildern wird eine geistliche Antwort versucht: Gottes Geist lehrt zu glauben. In Kombination mit dem Gemeindelied »Komm, Heiliger Geist, mit deiner Kraft« kann es zu einem starken Gebetsruf werden.

Das Lied ist für alle Altersgruppe geeignet.

Einführung und Ablauf:

- Als Einführung eignet sich eine kurze Frage: »Was kann man nicht sehen?« Es wird nur gesammelt, die Antworten bleiben nebeneinander stehen.
- Das Vorspiel erklingt leise in der wunderbaren Fassung für Klavier von Reimund Hess. Die Takte 1–4 werden mehrfach wiederholt oder ähnliches improvisiert.
- Ich bette auf den wohltuenden Klang einleitende Worte zum Wind, den man auch nicht sehen kann und doch spürt.
- Im zweitaktigen Zeitmaß mache ich Atemübungen über die Musik, die Kinder wiederholen dies. Bilder könnten sein: ruhiger Landwind mit schhhhh … / kleine Windboen mit f- f- f … / Wirbelsturm mit huihuihui … / zarte Sommerbrise mit ssss …
- Ich singe die 1. Strophe vor. Die Kinder wiederholen.
- Ebenso Strophe 2. Es schließt sich wieder ein improvisatorisches Element an.

Variante a)   Wir lehnen uns gedanklich an Bilder zu Meer und Wind an, siehe Textende von Vers 2. Über das Spiel der Klaviermusik machen wir Geräusche oder auch Bewegungen mit bunten Chiffontüchern: ruhige große Welle / kleine Wellen / Meeresturm / Gewitter (mit Händen und Füßen) / ruhiges Meer mit sanfter Brise …

Variante b)   Auf Orffinstrumenten oder anderen Klangerzeugern (z. B. mit Plasteflaschen, gestimmt mit einer Wasserfüllung) werden Wind- oder Meereswellen bzw. Stürme klanglich in einem verabredeten Zeitraum dargestellt.

- Es schließen sich Strophe 3 und 4 an.
- Die Gemeinde antwortet im Gottesdienst auf den Vortrag des Kinderchores mit dem Lied »Komm, Heilger Geist, mit deiner Kraft, die uns verbindet, uns Leben schafft.«
- Im Anschluss erklingt aus Telemanns Wassermusik das Stück »Der stürmische Aeolus«. Das klar strukturierte Stück setzt klanglich Bewegung in Tonfolgen um, die sich wunderbar in Raumbilder umsetzen lassen. Die Kinder bewegen die Bänder in Kreisen, in geschwungenen Achten, Wellen und Wirbeln. Sie bewegen sich auch selbst nach einer verabredeten kleinen Choreografie durch den Raum und kommen im Einklang mit der Musik an verschiedenen Stellen zur Ruhe.

Vertiefung und Reflexionen:

Mund: Wir erfahren mit unserem Körper »Wind« als Atem. Wir stellen ihn klanglich auf Instrumenten dar und setzen Windbewegung in Töne um. Wir hören der Orchestermusik (Telemann) zu und stellen diese mit Bewegungen im Raum dar.

Hand: Wir bewegen uns im Raum mit den Bändern und machen das Gesungene sichtbar. Es entsteht ein starkes visuelles Bild, wenn gewünscht auch zur verbindenden Kraft des Geistes, was sich in einer Bewegungschoreografie mit bunten Bändern ausdrückt.

Herz: Geist ist erfahrbar. Unsichtbares wirkt in uns und wird sichtbar.

Kopf: Die Bitte um Gottes Geist und Glaubensoffenbarungen gehört zu vielen Gebeten im Gottesdienst. Glauben heißt auch Bitten um Glaubenserfahrungen.

Konklusion

Wenn ich zum Schluss meiner Ausführungen noch einmal bei dem Ausspruch »Du musst das große Ganze im Blick haben …« verweile, so erscheint mir sehr klar und deutlich, wie eng Musik und Bildung, (Kirchen)musik und religiöse Bildung verknüpft sind. Im reformatorischen Grundgedanken vom »Priestertum aller Gläubigen« ist gerade im Musikvollzug und in der Musikvermittlung eine religiöse Sprachfähigkeit von mir als Pädagogin gefordert. Diese gilt es sich bewusst zu machen und sie zu fördern, um in musikalischer Verantwortung Kindern Kenntnisse (Kopf) zu vermitteln und mit ihnen zu singen – »mit Herzen, Mund und Händen«.

Martina Hergt ist die Fachbeauftragte für Chor- und Singarbeit der Arbeitsstelle Kirchenmusik in der Evangelisch-Lutherischen Landeskirche Sachsens. Zudem unterrichtet sie an der Hochschule für Musik und Theater »Felix Mendelssohn Bartholdy« Leipzig und der Hochschule für Kirchenmusik Dresden.

Die im Folgenden vorgestellten Praxisbausteine zur musischen Kirchraumpädagogik sind bewusst so gewählt, dass sie auf jede Kirche übertragbar und auch im ungeprägten Raum zur Vor- oder Nachbereitung eingesetzt werden können. Das Medium des Bewegungsspiels verlangt allerdings eine gewisse Freifläche.

Lebendige Steine

Bausteine zur Kirchraumerschließung mit Lied und Tanz

Siegfried Macht

Durch den Tod ins Leben: Das Taufbecken

Am Anfang des Christenlebens steht die Taufe. Somit gehört das Taufbecken nach althergebrachter Symbolik in den Eingangsbereich der Kirche. Wir kennen dies noch von den Baptisterien oder Taufkapellen, die z. T. als eigenständige Bauten außen vor den eigentlichen Sakralbau gesetzt wurden. Ebenso von den Weihwasserbecken, die dem katholischen Christen Wasser zur Tauferinnerungs-Bekreuzigung bereithalten. Das Taufbecken selbst rückte seit den diversen theologischen Auseinandersetzungen der Reformationszeit (auch innerhalb der protestantischen Konfessionen) zunehmend in den Altarraum, u. a., um gegenüber all den anderen vor Augen stehenden sakralen Inventarstücken (Altar, Kreuz, Ambo, Kanzel) keine hierarchische Zurückstellung des Sakramentes der Taufe vermuten zu lassen.

Ein Grund also, unsere Kirchraumerschließung relativ rasch zum (wo auch immer verorteten) Taufstein zu führen und dabei möglichst eine im Eingangsbereich beginnende Inszenierung zu verwenden. Gleichzeitig soll erzählerisch eine der (in christlicher Interpretation) typischen Vorabgeschichten des Taufgeschehens ausgeführt werden, die häufig auch als Bild bzw. Relief an dem einen oder anderen Taufstein zu entdecken sind.

Der Zug durchs Schilfmeer nach der Rettung aus Ägypten ist nicht nur der am besten spielerisch in Szene zu setzende Akt, sondern auch theologisch gewichtig und für Kinder anschaulich: Der Erinnerungsbogen des Exodusgeschehens reicht über das Passahfest bis zu unserem Osterfest und schon hier steht das Wasser für den Tod, der alles Alte hinter

sich lässt und doch den Geretteten das wahre Leben bringt: Gott hat sein Volk »getauft«! Taufe ist etwas Dramatisches und steht für mehr als »Wasch mir den Pelz, aber mach mich nicht nass!«

Im Idealfall läuft das Geschehen vom Haupteingang Richtung Taufbecken/Altar durch einen relativ breiten Mittelgang. Ist dieser zu schmal, verlagern wir das Bewegungsspiel ersatzweise in den Altarraum:

Moses hob den Stab

Text: Siegfried Macht
Musik und Tanz: aus Frankreich

Mo-ses hob den Stab und das Meer ging auf. Die ge-flo-hen war'n, eil-ten schnell hin-durch. Schnel-ler, schnel-ler, schnel-ler, schnel-ler, die Ver-fol-ger sind schon nah. Schnel-ler, nah.

aus: Macht, Siegfried. Kinder tanzen ihre Lieder, Tanzliederbuch und CD, Paderborn 1991, überarbeitete Neuauflage im Strube Verlag, München 2001

Zwei Reihen stehen sich paarweise gegenüber und bilden eine Gasse

Moses hob den Stab
Vier kleine Schritte (drei vor und ran) im Tempo der Viertelnote auf das Gegenüber zu, bereits mit dem Auftakt (»Moses«) beginnen.

und das Meer ging auf
vier Schritte rückwärts zum Platz zurück.

Die geflohen warn, eilten schnell hindurch

Mit acht Schritten mit dem Gegenüber den Platz tauschen. (Eigentlich rechte Schulter an rechter Schulter des Gegenübers vorbei, aber etwas spontanes Chaos passt hier ja durchaus zur Erzählung.)

Schneller, schneller …

Das erste Paar und anschließend die benachbarten Paare tanzen im Seitgalopp mit gefassten Händen durch die Gasse (vom Eingang Richtung Altar/Taufbecken), während die anderen dazu klatschen. Es tanzen so viele Paare hindurch, wie es die Wiederholung erlaubt. Danach beginnt das Lied ohne Pause von vorn. In beengten Räumen müssen alle anderen während des Seitgalopps aufrutschen, damit jedes Paar diesen wieder an der Stelle beginnen kann, wo schon das erste Paar gestartet ist.

Evtl. können zusätzliche korrespondierende Bewegungen eingebaut werden. Zum Beispiel zu »Moses hob den Stab« in der Reihe durchfassen und während des Aufeinanderzugehens die Hände erheben, beim Rückwärtsgehen wieder senken.

Bereits nach einigen Wiederholungen ist der Ablauf durchschaut und auch die älteren Jungen spielen auf Grund des dramatischen Reizes gerne mit: Aufgepasst nämlich, dass man sich nicht zu spät noch zum Seitgalopp mitreißen lässt (und die Verfolgten verfolgt), sonst gerät man in die zurückkehrenden Wasserwogenwände.

Altar als Tisch des Herrn

Unter den vielen dem Altar zugeeigneten Bedeutungen (Opferstein, abgelöster Opferstein, Grab Jesu, Thron Gottes, Träger von Kreuz und/oder Bibel) scheint mir der Tisch als Versammlungsort der sich in Jesu Gegenwart erinnernd und vergegenwärtigend versammelnden Gemeinde wiederum theologisch wie anschaulich primär.

Während sich die Originalfassung des im Folgenden wiedergegebenen Liedtanzes eher für Erwachsene eignet und auf eine rechteckige Tisch-Tafel bezieht (siehe unten angegebenes. kostenloses Internetskript), soll hier eine für Kinder geeignete Version beschrieben werden.

Der Text verbindet überdies die Speisung der Fünftausend und das Agapemahl mit dem frühchristlichen Christusbekenntnis, welches über das Anagramm ICHTHYS das »Zeichen des Fisches« hervorbrachte.

Alle an einem Tisch

Text und Musik:
Siegfried Macht

aus: Macht, Siegfried. Haus aus lebendigen Steinen, Tanzliederbuch und Doppel-CD, Strube Verlag, München 1999

Die Kinderversion versammelt die Tanzenden im Kreis, so als säßen sie um einen großen runden Tisch herum. Ideal ist also ein umrundbarer (für Katholiken im Sinne des 2. Vatikanischen Konzils nicht Hoch-, sondern Volks-)Altar.

Takt   Bewegung

A-Teil (Takt 1–4)

1   mit Wechselschritt seitwärts nach rechts: re-li-re
2   mit Wechselschritt seitwärts nach links: li-re-li
3   Schritt rechts vorwärts, dann auf links zurückwiegen
4   Schritt rechts rückwärts, dann links vorwiegen

A-Teil wiederholen (Takt 5–8 = 1–4)

B-Teil (Takt 9–16)
Über die Kreisbahn gehen (im Uhrzeigersinn)

Anschließend können wir als »symboldidaktische Vertiefung« das Kreuzzeichen entdecken, das unsere Füße mit der Bewegung des A-Teils auf den Boden gezeichnet haben – so wie die frühen Christen den Fisch als geheimes Erkennungszeichen in den Sand zeichneten.

Dr. Siegfried Macht, Professor für Kirchen-Musik-Pädagogik und Bibelkunde an der Hochschule für Evangelische Kirchenmusik Bayreuth, Leiter der Ausbildung zur Gemeindepädagogischen Tanzleitung

Publikationen von Siegfried Macht zur musisch-bewegten Gemeindepädagogik in Auswahl:
Kirchenräume begreifen durch Lieder, Spiele, Tänze, Bilder, Malen, Erzählen, Symbole erschließen. Mit eingelegter CD. Strube Verlag, München 2009.
Haus aus lebendigen Steinen. Lieder und Kanons zur Bibel. Liederbuch und Doppel-CD. Strube Verlag, München 1999; dazu ausführliches Tanzskript gratis über Homepage des Autors.
Gesangbuchlieder als (historische) Tänze entdecken. Werkbuch mit eingelegter CD. Strube Verlag München 2007.

Weitere Infos und kostenlose Downloads auf der Homepage siegfriedmacht.de

BLITZ UND DONNER AUF DER ORGEL

Kinderkonzert mit Orgelführung

Detlef Steffenhagen

Ich bin studierter Kirchenmusiker und Konzertorganist und im wörtlichen Sinne »Orgelspieler«. Seit nunmehr 20 Jahren gebe ich nun schon Orgelkonzerte, meist mit außergewöhnlichen Programmen (Vivaldis Vier Jahreszeiten, Gershwins Rhapsody in Blue, Ravels Bolero u. a.) – in Deutschland, in den USA, ja sogar im fernen Brasilien, wo ich 12 Jahre lebte. Ich spielte schon vor 5000 Menschen, in großen Kathedralen und kleinen Kirchen und ich glaubte eigentlich, ich hätte mein Lampenfieber im Griff. Aber von wegen! Vor fünf Jahren begann ich Kinderkonzerte zu geben, besonders auf den Ostfriesischen Inseln, denn schließlich möchte ich ja auch in 20 Jahren noch interessierte Zuhörerinnen und Zuhörer bei meinen Konzerten haben … Und nie bin ich nervöser als im Vorfeld eines solchen Konzertes für Kinder.

Es ist 11.00 Uhr an einem Dienstagvormittag, das Wetter ist durchwachsen, zum Glück, denn so ist der Strand an diesem Sommertag auf Wangerooge für viele wenig attraktiv. Zunächst plätschert es, im wörtlichen und im übertragenen Sinne. Vereinzelt kommen Familien mit Bollerwagen und manchmal auch noch mit einem Eis in der Hand zum Eingang der alten Inselkirche. Die Kinder schauen neugierig, was sie denn hier wohl erwartet, und die Eltern fragen, wie lange es denn dauert. Doch dann strömt es, ja es bildet sich sogar eine kleine Schlange am Eingang, denn der Inselpfarrer begrüßt jedes einzelne Kind mit einem netten Spruch oder mit dem Klingeln der kleinen Handglocke. »Blitz und Donner auf der Orgel – Kinderkonzert mit Orgelführung«, dies ist Grund für die großen und kleinen Besucher, die eine Stunde ihres Sommerurlaubes in der kühlen Kirche zu verbringen. Manche Eltern bringen ihre Kinder, andere Eltern kommen mit ihren Kindern. Ebenso fragen aber auch Erwachsene vorsichtig nach, ob sie denn auch ohne Kind zuhören könnten. Man darf, alle sind willkommen, aber Kinder eben noch etwas willkommener …

Es geht die schmale Wendeltreppe hinauf zum Orgelboden, der genug Platz bietet für Kinder und Erwachsene. Dies ist längst nicht überall der Fall, ist aber Bedingung für ein solches Kinderkonzert, weil ich vom Orgelspieltisch aus auch mit den Kindern reden und singen möchte. Das Problem sind zunächst die Erwachsenen. Überbesorgte Eltern setzen sich neben ihre Kleinen in die erste Reihe, und die Kinder dahinter sehen nichts mehr. Freundlich erkläre ich den Eltern, dass heute die Kinder die Hauptpersonen sind und sortiere die Kinder nach Größe (wie die Orgelpfeifen) in die Stuhlreihen. Die Großen müssen ganz hinten oder seitlich Platz nehmen. Ein Konzept habe ich mir ganz zu Anfang mal notiert, der Zettel liegt mittlerweile zu Hause und ich improvisiere nach Stimmung und Zusammensetzung der Anwesenden.

Es beginnt mit einer kurzen Vorstellung meiner Person und dem kleinen Wettbewerb, wer wohl den weitesten Weg nach Wangerooge hatte. Aus allen Teilen Deutschlands sind sie gekommen, aber meist gewinne ich, denn aus Brasilien kommen wirklich nur wenige Ostfriesland-Touristen.

Anschließend erkläre ich sämtliche Besonderheiten und Möglichkeiten der Orgel: hohe und tiefe Töne, laute und leise Register, sowie das Rauschen des Motors und das Spiel mit den Füßen auf den Pedalen – immer kindgerecht, so dass aus jedem Detail eine spannende Geschichte wird. Wenn ich zu Beginn meine roten Orgelschuhe anziehe, sind das natürlich die Zauberschuhe, welche quasi von allein spielen können.

Ganz wichtig ist mir, dass das Ganze kein Monolog wird. Die Kinder lade ich immer wieder während der Orgelführung ein, mir bei einer Sache zu helfen, sei es das Ziehen der Register von der Orgelbank aus oder das Finden des tiefsten Tones welcher mit den Füßen gespielt werden kann. Dazwischen wird natürlich auch gesungen und Melodien geraten, welche ich an der Orgel begleite.

Zweimal erklingen Orgelwerke mit konzertantem Charakter, also etwas zum Zuhören. Zunächst das wohl berühmteste Orgelwerk der Welt: die d-Moll Toccata von Bach und gegen Ende der 1. Satz des Frühlings von Vivaldi. Den Kindern erkläre ich vorher, dass Vivaldi hier den Gesang der Vögel, das Rauschen eines Baches und ein Gewitter musikalisch ausmalt. Die jungen Gäste erkennen fasziniert diese Szenen und sie danken es immer mit Applaus.

Dazwischen gibt es Geschichten und spannende Informationen rund um die Orgel über ihre Vergangenheit (vom Zirkus in die Kirche), ihre Größe (das einzige Instrument zum Hereingehen) und den Aufwand bei Bau und Pflege (drei Tage für eine Stimmung, Kosten bis zu 2 Millionen Euro).

Am Schluss steht die Begehung der Orgel. Ich schließe alle Türen des Gehäuses auf. Nun kann man die filigrane Mechanik der Holzzüge sehen. Ich lasse die Kinder auch in die Orgel gehen, so dass sie die Vielzahl der sonst verborgenen Pfeifen sehen

können, die sich in der Orgel befinden: das können 1000 bis hin zu 100 000 Pfeifen sein.

Wer möchte, darf auch selber einmal auf der Orgel spielen. Meist spielen die Kinder, die kommen, selber ein Instrument. Die Freude ist groß, einmal auf diesem ihnen bisher fremden und doch eher auch unnahbaren Instrument spielen zu können. Aber auch die Eltern nutzen diese Möglichkeit, ihre pianistischen Fähigkeiten einmal vorführen zu dürfen, und sei es eben der berühmte Flohwalzer.

Es werden Fotos mit dem Nachwuchs auf der Orgelbank gemacht, sicher später eine ganz besondere Erinnerung an diesen Urlaub.

Ich selber habe nun den schwierigsten Teil des Tages bewältigt, so dass ich mich nun entspannt an die Vorbereitung des abendlichen Konzertes für Erwachsene machen kann …

Das Wichtigste für solche Kinderkonzerte mit Orgelführung ist die eigene Flexibilität und Spontaneität, das schnelle Umschalten, das Eingehen auf die jeweilige Situation, das Ernstnehmen der Fragen und der Interessen der Kinder und das Erspüren der noch vorhandenen Aufmerksamkeit, um so bei beginnender Unruhe schnell wieder etwas Aufregendes zu präsentieren.

Natürlich weiß ich schon, dass bei diesen Konzerten musikalisch interessierte Kinder kommen. »Chaoten« (ich meine das durchaus liebevoll) habe ich selten und die Stunde läuft meist sehr harmonisch ab.

Mit der Ermunterung, in Ihrem Wohnort ruhig auch einmal auf den Kantor zuzugehen und sich die Orgel dort zeigen zu lassen, beende ich meinen Bericht über das Kinderkonzert »Blitz und Donner auf der Orgel«.

Ebenso können Sie sich gerne bei Konzertanfragen auch an mich wenden: www.detlef-steffenhagen.de.

Detlef Steffenhagen studierte an der Folkwang Musikhochschule in Essen. Er war Kirchenmusiker in Frankfurt am Main. Viele Jahre lebte er in Curitiba (Brasilien) und lehrte an der dortigen Musikhochschule. Seit 2009 lebt er wieder in Deutschland und ist freiberuflich als Konzertorganist tätig.

Arbeitsfeld Naturpädagogik
in der Gemeindepädagogik

Wolfgang Lange

1. Einführung in das breite Feld der Naturpädagogik (NP)

1.1 Entwicklungen von der Öko-Bewegung zur Naturpädagogik

Sitz im Leben der NP ist eine Gegenbewegung zur Entfremdung des Menschen von der Natur. Geschichtlich hat neben der Industrialisierung und der Verstädterung besonders eine missverständliche Deutung des biblischen Schöpfungsbekenntnisses gewirkt: »Macht euch die Erde untertan!« – Gen 1,28

Wenige Verse später findet sich im älteren Schöpfungsbekenntnis des Jahwisten der Auftrag an den Menschen »zu bebauen und zu bewahren« – Gen 2, 15. »Bebauen und Bewahren« wurden im 20. Jahrhundert zu Leitbegriffen in der Ökologie-Bewegung und im »Konzilaren Prozess«, bis hin zur Agenda 21 – 1992 in Rio de Janeiro (http://oikoumene.net/home/).

In vielen indigenen Völkern wird bis heute die Mitgeschöpflichkeit des Menschen in einem vertrauensvollen und achtsamen Umgang mit der Natur wahrgenommen. Im europäischen Kontext wirkt seit dem Mittelalter das Gegenüber von Natur und Kultur bis hin zur Entfremdung von der Natur. Am Beginn des 20. Jahrhunderts startete die Pfadfinder-Bewegung mit der Veröffentlichung von Sir Robert Baden-Powells Buch "Scouting for boys". Daraus entwickelte sich die größte Jugendbewegung der Welt. Als Ziel formuliert Baden-Powells: junge Menschen zusammenführen, Kriege vermeiden und im Einklang mit der Natur zu sich selbst finden. Bis heute strahlt das Pfadfinder-Angebot diesen Charme aus: mit einfachen Mitteln »Pfade finden« mit der Natur und miteinander zu leben. (http://www.neumeyer-abzeichen. de/blog/die-entstehung-der-pfadfinderbewegung)

Mit den reformpädagogischen Bewegungen rücken neben der Individualität des Kindes auch die Vielfalt von Lernlandschaften und Natur-Themen in den Fokus: mit der Natur leben, ökologische Zusammenhänge entdecken, Nachhaltigkeit entwickeln.

Der Ursprung der Erlebnispädagogik in der »Rettungs-Bewegung« von Kurt Hahn setzte starke Impulse für handlungsorientierte Pädagogik, die bis heute wirken. Den Zusammenhang von Natur und Erlebnis konzipiert der »Vater« der Natur-Erlebnispädagogik, Joseph Cornell 1980 mit dem Begriff des Flow-Learnings in vier Phasen (http://www.joseph-cornell.de/flow-learning/):

1. Begeisterung wecken
2. Konzentrierte Wahrnehmung
3. Unmittelbare Erfahrung
4. Anregungen teilen

Seit den 1970er Jahren differenziert sich die weite Landschaft der ökologischen Bildung bzw. Umweltbildung. Darunter fallen zahlreiche mehr oder weniger abgegrenzte Konzepte zur Förderung des Umweltbewusstseins: Umwelterziehung, Ökopädagogik, Rucksackschule, Waldpädagogik, Wildnispädagogik, Wald-Kindertagesstätten u.a.

1.2 Werte – Wissen – Kompetenz in der Naturpädagogik

Am Beginn der Umwelt-Pädagogik standen vor allem Aufklärung und Belehrung. Mittlerweile ist wissenschaftlich belegt, dass Aufklärung allein keine Verhaltensänderung bewirkt, und so verfolgen die meisten Konzepte zwei Ziele:

- praktische Wissensvermittlung über Natur, Umweltschutz und Nachhaltigkeit;
- Förderung einer emotionalen Beziehung zur Natur.

Übergeordnetes Ziel ist der partnerschaftliche Umgang des Menschen mit der Natur und miteinander. Werte, Wissen und Handlungskompetenzen bestimmen naturpädagogische Bildung:

a) **Wertevermittlung – Achtung der Natur**

b) **Wissen über Ökologie**

c) **Förderung von Handlungskompetenzen**

1.3 Acht pädagogische Intentionen in der heutigen Naturpädagogik

(1) Ganzheitliches Lernen
(2) Lernen in der Gruppe
(3) Vorleben statt Lehren
(4) Prinzip der Freiwilligkeit
(5) Gewaltfreiheit und Toleranz
(6) Freude im Spiel
(7) Ernst-Charakter
(8) Einfachheit

Einfachheit gehört zum Konzept, um schöne Erlebnisse unabhängig von Status oder Geld zu ermöglichen. Das hilft zu selbständigem Sein, weg vom Modus des Habens. »Nimm nur das, was du unbedingt brauchst« kann direkt aus der naturpädagogischen Arbeit im **Alltags-Transfer** gelingen.

2. »Natürliche« christliche Antwortsuche auf existentielle Fragen

a) Der Mensch als Teil der Schöpfung – Woher komme ich?
Als Mitgeschöpf kann ich mich als geschaffenes Subjekt wahrnehmen und »leben inmitten von Leben, das Leben will« (A. Schweitzer).

b) Schöpfung wahrnehmen – Wie bin ich in Beziehung?
In der Sprache der Schöpfung können wir Menschen uns vom Schöpfer als Geschöpfe angesprochen erleben.

c) Sinn entdecken – Wozu lebe ich?
Die Frage nach Sinn sucht Antwort auf die existentielle Frage nach dem Wozu meines Lebens!

d) Zu sich selbst kommen – Wer bin ich?
Die Langsamkeit natürlicher Prozesse kann uns Menschen helfen, zu Ruhe und zu sich selbst zu finden. So bietet uns die Schöpfung Antwortsuche auf existentielle Fragen.

---

3. Naturpädagogik in gemeindepädagogischen Zusammenhängen

3.1 Biblisch begründetes Schöpfungs- und Naturverständnis

(1) Prägung durch das biblische Schöpfungsverständnis
a) Älteste Zeugnisse sind die Schöpfungs-Psalmen – ein Lobpreis des Schöpfers (Ps 8,4; Ps 104 i.A.; Ps 139, 13 f.) und die Bekenntnisse mit den Schöpfungsberichten in Gen 1+2
b) Die Betrachtung der Schöpfung führt zur Erkenntnis der Größe Gottes: Hiob 42,5

(2) »Macht euch die Erde untertan«
a) Mit Gen 1,28 wurde der Herrschaftsanspruch des Menschen über die Natur theologisch begründet
b) Das Verständnis einer Vertreibung aus dem Paradies und der Kampf ums Überleben prägt die Konkurrenz zwischen Natur und menschlicher Kultur: Gen 3,17 »... mit Mühsal sollst du dich vom Acker ernähren dein Leben lang.«

(3) Besondere Orte der Erde – Wüste, Berge
a) Gottesbegegnungen in Naturereignissen: Mose am brennenden Dornbusch – Ex 3,2 ff.; Gott in Wolken und Feuersäule – Ex 13,21 und 19,18; Elia am Horeb 1. Kö 19,11–13
b) Bestimmte Natur-Regionen werden mit intensiver Gottesbegegnung verbunden: Mose auf dem Berg Sinai – Ex 19, 20 ff.; Verklärung Jesu Mt 17,1–8; Johannes und Jesus in der Wüste Mt 3+4

(4) Elemente der Schöpfung werden zum Symbol für Heil
a) Jesus zeigt sich als Spender lebendigen Wassers Jh 4,10
b) Jesus weist in den Ich-Bin-Worten auf Zusammenhänge zwischen Schöpfung und Heil: Licht Jh 8,12; Weinstock Jh 15

(5) Der Mensch als Mit-Geschöpf und die Hoffnung auf Neuschöpfung
a) Denn das ängstliche Harren der Kreatur wartet darauf, dass die Kinder Gottes offenbar werden ... Denn wir wissen, dass die ganze Schöpfung bis zu diesem Augenblick mit uns seufzt und sich ängstigt. Römer 8,18–22
b) Offb 22, 1 f.: Und er zeigte mir einen Strom lebendigen Wassers, klar wie Kristall, der ausgeht von dem Thron Gottes und des Lammes; mitten auf dem Platz und auf beiden Seitens des Stromes Bäume des Lebens, die tragen 12mal Früchte, jeden Monat bringen sie ihre Frucht und die Blätter der Bäume dienen der Heilung der Völker.

3.2 Gemeindepädagogische Praxis-Ansätze mit naturpädagogischen Elementen

(1) Naturpädagogische Wahrnehmung mit religiöser Praxis verbinden

Das Bedürfnis von Kindern »draußen« zu sein führt zu vielen gemeindepädagogischen Spiel- und Lernarrangements in der Natur. Kindliche Entdeckerfreude wird mit pädagogischer Achtsamkeit verknüpft, um Schönheit und Geheimnis, Nützlichkeit und Freude an der Schöpfung zu entwickeln.

Besonders Sinnesübungen vom Hören über Tasten, Riechen, Sehen und Schmecken lassen im Kontext christlicher Schöpfungsverantwortung die Vielfalt des Lebens entdecken. Dank gegenüber dem Schöpfer wird im Rückgriff auf Tradition (Psalmen, Liturgie, Gebetsformen) als Antwort auf Wahrnehmung und Staunen formuliert.

(2) Kirchenjahr und Naturjahr miteinander verbinden

Unser menschliches Leben ist geprägt durch die evolutionäre Verbindung und Abhängigkeit von der Natur. Menschen sind hineingewoben in Lebensrhythmen: Frühling, Sommer, Herbst, Winter, Tag, Nacht, Sonne, Wolken, Regen, Trockenheit, Wachsen, Reifen, Vergehen. Lebenszeit und Jahreszeiten verbinden sich in archetypischer Symbolik.

Das biblische Verständnis von Heil bricht als Kairos in den Chronos der Zeit-Geschichte. So kann das Naturjahr in Verbindung mit dem Heil in Christus gefeiert werden: das Licht der Christgeburt in der dunkelsten Jahreszeit zur Wintersonnenwende; das Sterben des Weizenkorns im Dunkel der Erde als Passion; das Erleben der aufgehenden Sonne am Ende der Osternacht als Symbol der Auferstehung; das Pfingstfest mit dem Schmuck des Maiengrüns als Grünkraft des Lebens durch Gottes Schöpfergeist; die Mitte des Jahres in Verbindung mit der Symbolgestalt Johannes des Täufers (Jh 3,30); der Dank an Gott für die Ernte-Gaben im Erntedankfest; der Frühjahrs- und Herbst-Bußtag als Cäsur der Besinnung, Einkehr, Schuldverstrickung und der Hoffnung auf Vergebung; das Ende des Kirchenjahres im Spätherbst mit der Besinnung auf die Sterblichkeit des Menschen und der Auferstehungshoffnung in Christus.

Seit Franziskus von Assisi die christliche Gemeinde zur ersten Weihnachtsmesse in einem Stall in einer Felsengrotte eingeladen hat – mit Krippe, Esel und Rind, findet die Unmittelbarkeit der Erfahrung im Natur-Raum und seine Wirkmächtigkeit weite Verbreitung in Bergmessen, See-Gottesdiensten und Natur-Andachten. Auch die Tauffeiern an Flüssen und Seen zeigen die Sehnsucht nach Verbindung von Geistlichem mit Natürlichem.

(3) Projektarbeit in naturpädagogischen Räumen

Besonders in zeitlich begrenzten Projekten engagieren sich viele Christen im Zusammenhang von Ökologie und Nachhaltigkeit: Kindergruppen übernehmen Verantwortung für einen Abschnitt eines Dorfbaches (www.briesnitzerameisen.de); Konfirmanden backen in Zusammenarbeit mit der Bäckerinnung Brot und spenden den Erlös für Eine-Welt-Projekte (www.5000-brote.de); Jugendliche pflegen einen Teil des Kirchenwaldes; eine ganze Kirchgemeinde übernimmt Pflege und Ernte eines Kartoffelackers und vieles andere mehr. Viele Kinder- und Familien-Freizeiten, Konfi-Camps und Senioren-Rüstzeiten entdecken die Natur als Schöpfung in Begegnungen und inszenierten Natur-Spielräumen. Mit meditativem Wandern und der immer weiter wachsenden Pilger-Bewegung gibt es inzwischen Formate, die ausschließlich in der Natur stattfinden (www.pilger-wege.de).

(4) Pfadfinderarbeit

Einen besonderen Platz nimmt die Pfadfinderarbeit ein, die ihre Arbeit auch unter naturpädagogische Prämissen stellt. Der Verband christlicher Pfadfinder beschreibt seine Wertorientierung so: Evangelisches Pfadfinden bedeutet für uns, in unseren Gruppenstunden Werte wie Einfühlungsvermögen, Gerechtigkeit, Rücksichtnahme, Solidarität und Toleranz zu vermitteln. Viele unserer Gruppen engagieren sich – teils weit über ihre eigenen Aktivitäten hinaus – tatkräftig in ihren Kirchengemeinden und Wohnorten. Gemeinschaft bedeutet für uns, uns unseren Nächsten zuzuwenden, uns für benachteiligte Menschen einzusetzen und sie zu uns einzuladen. Pfadfinder übernehmen Verantwortung nicht nur in ihrer Gruppe, sondern auch in der Gesellschaft, in der sie leben. (http://www.vcp.de/wer-wir-sind/werte-vermitteln/ 14.11.16)

Den Leitspruch aller Pfadfinderinnen und Pfadfinder hat Robert Baden-Powell geprägt: »Versucht, die Welt ein bisschen besser zurückzulassen, als ihr sie vorgefunden habt.«

Wolfgang Lange ist Studienleiter Gemeindepädagogik am Theologisch-Pädagogischen Institut der Ev.-Luth. Landeskirche Sachsens.

Konzept der Naturgruppe

In der Naturgruppe möchten wir den Kindern die Möglichkeit geben, sich auf die einfachen Dinge des Lebens zu konzentrieren – auf die Natur. Die Persönlichkeit eines Menschen erhält ihr Fundament in der Kindheit. Durch den täglichen Aufenthalt im Freien erfahren Kinder die wechselseitige Abhängigkeit von Mensch und Natur. Sie lernen, sich als Teil vom Ganzen zu begreifen.

Die Natur ist ein idealer Bewegungsraum. Durch einen erheblich erweiterten Spielraum in Wald und Park und dem damit verbundenen geringeren Lärmpegel werden die Kinder ausgeglichener. Die Entwicklung ihrer emotionalen Stabilität und ihrer Konzentration, ihrer Konfliktfähigkeit, Streitkultur und Sozialkompetenz wird angemessen unterstützt. Auch ihre körperlichen Grenzen können sie durch Wandern, Toben, Klettern und Spielen besser kennenlernen. Im direkten kontinuierlichen Kontakt zur Natur üben Kinder Umsichtigkeit und Rücksicht mit ihr. Es werden Gefühle von Vertrautheit in Bezug auf die Schöpfung entwickelt. Spielmaterialien wie Erde, Wasser, Stöcke, Steine, Pflanzen sind reichhaltig vorhanden und regen die Fantasie an. Die Kinder haben die Möglichkeit, kreativ zu sein, sich auf neue Situationen einzustellen und dafür Lösungen zu finden.

Kindergruppe

Gemeinsam mit drei Erzieherinnen arbeite ich in zwei Gruppen von insgesamt 32 Kinder von 3 bis 6 Jahren, der Naturgruppe. Jeden Vormittag verbringen wir im Freien, je nach Wetter variieren die Strecke und das Ziel, das wir ansteuern. Unterwegs in der Natur singen, spielen und erzählen wir, so auch die biblische Geschichte vom barmherzigen Vater, die zum Projekt »Aus dem Leben Jesu erzählen« gehörte.

Eine Familie, ein Zuhause haben alle Kinder der Gruppe. Es ist für jedes Kind wichtig, Geborgenheit, Fürsorge, bedingungslose Liebe, uneingeschränktes Angenommensein und Bestätigung in der Familie und im Umfeld zu erfahren, um sich zu selbstsicheren, autonomen und sozialen Persönlichkeiten zu entwickeln. Die Kinder spielen gern und häufig Familie: Sie sind Mutter, Vater oder Kind, kümmern sich liebevoll um die Puppenkinder und versorgen sie, decken den Tisch ein usw. Manchmal erzählen sie von Unstimmigkeiten in der Familie.

»Vom Barmherzigen Vater«

Beatrice Ringer

Das Projekt
»Aus dem Leben von Jesus erzählen«

Die Biblische Geschichte gehört in das Projekt »Aus dem Leben von Jesus erzählen«. In der Zeit vor Ostern sollen die Kinder etwas von Jesus erfahren, bevor dieser stirbt und aufersteht.

Den Einstieg bildete eine »Reise nach Israel«. Die Kinder lernten die Landschaft mit Sand, Wüste, Wäldern, die Bezeichnungen Israel, Palästina, Galiläa, Samarien und Judäa, die Städte Nazareth, Bethlehem und Jerusalem, den See Genezareth und den Fluss Jordan kennen. Sie sahen Bilder aus einem Bildband und wir gestalteten aus Tüchern und Materialien eine Landschaft. Besonders begeisterten sie die »Wüstenblumen« (Rose von Jericho). Auch zu den Pflanzen, Tieren und dem Leben der Menschen in Israel erfuhren die Kinder etwas.

Mit Interesse studierten die Kinder eine bebilderte Landkarte von Israel. Wir sangen das Lied »Jesus lebt in Palästina« dazu. Jede der sieben Geschichten, die von Jesus erzählen, erhielt einen eigenen Karton. Auf den Deckeln befand sich ein passendes Bild zur Geschichte. Materialien für das Bodenbild, mit dem die Kinder die Geschichte nach- und weiterspielen konnten, befanden sich im Karton. Die Hauptfiguren, vor allem Jesus mit dem Esel, wanderten dabei von Geschichte zu Geschichte, von Karton zu Karton.

Materialien: Maria und Josef (Filzfiguren), eine Kerze mit Mosaik-Kreuz als Zeichen für Jesus, ein Esel mit Decke und zwei Körbchen, ein Seil für den Weg, Bausteine für den Tempel, Tücher für weitere Personen.

1. Karton: »Der 12-jährige Jesus im Tempel«
2. Karton: »Fischfang – Alle werden satt!«
3. Karton: »Der barmherzige Vater«
4. Karton: »Einzug in Jerusalem«
5. Karton: »Das letzte Abendmahl«
6. Karton: »Gefangennahme von Jesus«
7. Karton: »Jesu Auferstehung«

Persönliche Vorüberlegungen zur biblischen Geschichte

Zuerst kam mir der Vergleich zwischen dem barmherzigen Vater und Gott in den Sinn. Denn so wie der Vater in der Geschichte seinen Sohn liebt und annimmt (trotz seiner Fehler), so liebt Gott alle Menschen, die zu ihm kommen, auch er verzeiht und nimmt sie an. Die Geschichte macht Mut zum Leben, denn sie zeigt, dass wir Fehler machen dürfen, nicht perfekt sein müssen. Wichtig ist das Erkennen (Zugeben, Ändern) und Verzeihen. Als Partnerin, Mutter und Erzieherin möchte ich dies weitergeben. Streit gehört zum Leben, das »Wie« und die Versöhnung sind wichtig. Jeder Mensch sollte lieben und geliebt werden. Liebe zeigen heißt für mich: für den anderen da sein, vertrauen, verstehen, verzeihen, sich Zeit nehmen, annehmen, echtes Interesse haben, also viele Gefühle, die in dieser Geschichte angesprochen werden.

Ich erinnere mich an ein Zitat aus dem Fach Heilpädagogik während meiner Ausbildung, als es um verhaltensauffällige Kinder ging: »Liebe mich dann am meisten, wenn ich es am wenigsten verdiene!« Ich weiß nicht mehr, von wem dieses Zitat stammt, aber ich denke in schwierigen Situationen oft daran. Dann, wenn mich Kinder an meine Grenzen bringen und ich sie nicht mehr verstehen kann. Dann denke ich daran, sie brauchen Wertschätzung und Liebe.

Was mich noch beschäftigt: Was ist mit dem anderen Sohn, mit dem, der daheim bleibt, der immer für den Vater da war? Er empfindet Wut und Neid über die »Bevorteilung« des Bruders und wird vom Vater beschwichtigt. Kann er auch verzeihen? Wie geht es weiter?

Erzählgrundlage

Die Geschichte vom barmherzigen Vater habe ich aus Sicht des Esels erzählt. Die Kinder kannten den Esel aus der ersten Geschichte, denn er begleitete Maria, Josef und Jesus nach Jerusalem.

Auch aus der Weihnachtsgeschichte ist den Kindern neben anderen Tieren der Esel bekannt und sie bringen ihn in einen Zusammenhang mit Jesus. Während der Geschichte komme ich über die Erzählfigur mit den Kindern ins Gespräch, frage sie z. B. nach den Gefühlen und Gedanken der handelnden Personen. Den Esel stellte ich neben die Filzfigur

von Jesus. Er erzählt: »Hallo Kinder! Kennt ihr mich noch? Ich bin der Esel, der Jesus begleitet. Ich habe schon viel mit ihm erlebt. Ich habe gesehen, wie er Menschen hilft und heilt. Einmal war ich dabei, als Jesus den Menschen eine Geschichte erzählte. Eine davon möchte ich euch jetzt erzählen: Da ist ein Vater, er hat zwei Söhne. Sie wohnen zusammen in einem schönen, hellen Haus. Der jüngere Sohn aber glaubt, woanders ist es schöner. Er sagt zum Vater: ›Ich will fortgehen, gib mir Geld, damit ich so leben kann, wie ich will.‹«

Frage an die Kinder: Oh, was meint Ihr wird der Vater da sagen? *Äußerungen der Kinder miteinander bedenken*

»Was sollte der Vater tun? Letztlich lässt er seinen Sohn ziehen. Doch er macht sich Sorgen um ihn. Sein Sohn ist immer in seinem Herzen und in seinen Gedanken bei ihm.«

Frage an die Kinder: Wie geht es dem Sohn, als er sich auf den Weg von zu Hause in die Welt begibt? *Äußerungen der Kinder miteinander bedenken*
»Der Sohn fühlt sich jetzt frei, er kann das machen, was er will, er kann sich viele Sachen

kaufen. Er hat viele neue Freunde, mit denen er feiert und die er einlädt. Aber dann ist das Geld alle, er hat nichts mehr. Er hat kein Essen mehr, kein Bett und keine Freunde. Alles ist verloren. Er hat Hunger und Durst, ist müde und ganz allein.«

Frage an die Kinder: Wie wird es jetzt weiter gehen? *Äußerungen der Kinder miteinander bedenken*

»Da öffnet sich die Tür, der Vater kommt heraus. Er läuft dem Sohn entgegen, umarmt und küsst ihn. Er gibt ihm neue Kleider und Schuhe. Er lässt das Mastkalb schlachten. Der Vater sagt zum Sohn: Lass uns ein Fest feiern, denn du bist wieder heimgekehrt, du warst tot und bist wieder lebendig!«

Frage an die Kinder: Was denkt ihr, sagt der Bruder, der zu Hause geblieben ist, dazu? *Äußerungen der Kinder miteinander bedenken*

Frage an die Kinder: Welche Überschrift gebt ihr dieser Geschichte, die Jesus erzählt? *Äußerungen der Kinder aufnehmen*

Materialien für das Bodenbild

ein Tuch für das Zuhause, drei Tuchpuppen, den Esel, die Jesuskerze, ein großes rotes Stoffherz und viele kleine rote Holzherzen

Wie es nach der Geschichte weiter ging

Anschließend spielten die Kinder mit dem Gestaltungsmaterial der Geschichte. Besonders die Holzherzen nahmen sie gern in die Hand und spielten mit den Puppen. Mit einigen Holzherzen schmückte ich die Tische. Die Kinder nahmen diese z. B. vor den Mahlzeiten immer mal wieder in die Hand und unterhielten sich darüber. Um die Gefühle der Personen in der Geschichte für die Kinder nachzuempfinden, haben wir verschiedene Musikinstrumente ausprobiert und überlegt, welche Töne zu welchen Gefühlen passen. Jedes Kind suchte sich ein Instrument aus und wir machten gemeinsam Musik, feierten, dass der Sohn wieder bei seinem Vater war. Dazu sangen wir »Gott mag Kinder«.

Einige Tage später entwickelte sich ein Gespräch zu der Frage, was Zuhause für die Kinder bedeutet. Die Kinder antworteten z. B.: »mein Kinderzimmer«, »mein schönes Bett«, »dass ich in meinem Zimmer Geschichten hören kann«, »dass ich in Ruhe spielen kann«, »dass meine Schwester da ist«, »meine Mama und mein Papa«. Auf einem Filzdeckchen legten die Kinder mit Materialien ein Bild für ihr Zuhause. Dies taten sie mit Freude und Ausdauer, auch die Jüngeren.

In den Wochen danach kamen noch vier Kartons zur Passionszeit dazu, so dass am Donnerstag vor Ostern ein Kreuz als Lebensweg Jesu aus den Kartons gelegt werden konnte.

Einige Wochen nach der Geschichte nahm Hannes (3 ½ Jahre alt) ein Holzherz vom Legematerial, hob es hoch und fragte mich: »Ist Jesus lieb?«

Beatrice Ringer ist Erzieherin im Kinderhaus Regenbogen, einem Kindergarten des Evangelischen Kirchenkreises Meiningen.

Ich lebe mein Leben in wachsenden Ringen

Ich lebe mein Leben in wachsenden Ringen,
die sich über die Dinge ziehn.
Ich werde den letzten vielleicht nicht vollbringen,
aber versuchen will ich ihn.

Ich kreise um Gott, um den uralten Turm,
und ich kreise jahrtausendelang;
und ich weiß noch nicht: bin ich ein Falke, ein Sturm
oder ein großer Gesang.

RAINER MARIA RILKE

KUNST-PÄDAGOGIK

im gemeindepädagogischen Arbeitsfeld

Angelika Leonhardi

1. »Du musst da gewesen sein« – Fundstücke zwischen Kunst und Religion

»Plötzlich leuchtet es uns an: ein Werk, das uns zu anderen macht. Und alle sollen es unbedingt wissen! Das musst du lesen, schauen, hören! Du musst da gewesen sein! 26 Liebesschwüre, Erweckungsmomente und unvergessliche Erfahrungen, aufgeschrieben von Autoren aus allen Ressorts. Lassen Sie sich bekehren!«

Was unter dem Titel »Meine Mission« in der Einleitung des Feuilletons der Wochenzeitung »Die Zeit« zum Weiterlesen animiert, kann kaum religiöser aufgeladen daherkommen als in diesen Worten. Und tatsächlich nimmt die Ausgabe vom 21.12.2016 Weihnachten in den Blick. Nur umkreisen die Beiträge dies Thema so weiträumig, dass man meinen könnte, es ginge im Grunde gar nicht darum. *»Zeit-Autoren beschreiben, was sie fürs Leben bereichert«*, lautete die Aufgabe. Und so zeigen sie ein Kunstwerk her, das ihnen unverzichtbar geworden ist, und auf das sie andere verweisen möchten. Mit Weihnachten hat das erst einmal wenig zu tun.

Aber – was die von den Autoren bewunderten Kunstwerke der Malerei, Fotografie, Architektur und Musik evozieren, das verblüfft: Plötzlich wird es ganz still. Es leuchtet. Es erschreckt und hebt

hinauf. Es erzeugt anhaltenden Klang, weit über den Tod hinaus. Es spricht die reine Wahrheit. Es erschüttert und trägt hinfort. Es lässt nie wieder los. In solcher Weise überwältigt, resümieren die Autoren ihre Begegnung mit dem Kunstwerk. »Sie hüten das Licht in der Finsternis. Jenes überirdische Feuer der Weihnacht«, so enden die Reflexionen einer Redakteurin zum Roman »Die Straße« von Cormac McCarthy. Noch wenige Sätze zuvor hatte sie notiert, es sei »eine atheistische Geschichte biblischen Ausmaßes. Ein Evangelium ohne Gott.« – Wie geht das zusammen?

Es sind unglaubliche Spannweiten, die sich in den Kunstwerken auftun. Was auch immer dort anzutreffen ist, es leuchtet die Dimension des Religiösen auf.

Ohne dies angestrebt zu haben, werben die Beiträge wie nebenbei für die Wahrnehmung von Kunst im Raum der Gemeindepädagogik. Substanzielles ist in den Kunstwerken enthalten. Eigentliches. Nicht als ein Thema, sondern, tiefer noch, als Essenz: Anfang und Ende, Weihnachten, Auferstehung, Schöpfung. Kunstwerke sind deshalb nicht nur potenzielle Medien auf einem Lernweg der Gemeindepädagogik, sondern Gegenstand des Lernens selbst. Sie enthalten etwas Ganzes. Das Faszinosum. Was bedeutet das mit Blick auf Lernprozesse? – Auch da-

rauf findet sich im Feuilleton eine Antwort. Sie fasst im Grunde die theologische/pädagogische Herausforderung zusammen: *»Das musst du lesen, schauen, hören! Du musst da gewesen sein!«*

»Ich habe wieder im Alten Testament gelesen«, schreibt Heinrich Heine in »Ludwig Börne. Eine Denkschrift.« *»Welch ein großes Buch! Merkwürdiger noch als der Inhalt ist für mich diese Darstellung, wo das Wort gleichsam ein Naturprodukt ist, wie ein Baum, wie eine Blume, wie das Meer, wie die Sterne, wie der Mensch selbst. Das sprosst, das fließt, das funkelt, das lächelt, man weiß nicht wie, man weiß nicht warum, man findet alles ganz natürlich. Hier fehlen alle Maßstäbe der Beurteilung.«* Texte von solcher Größe, so sagt es Heine im Fortgang, habe er nur bei einem einzigen Autor angetroffen: Shakespeare.

Wo Worte, Töne, Bilder etwas in Bewegung setzen, was Erinnerung, Wandlung und Vergegenwärtigung hervorruft, können sie sinnstiftend wirken. Lernwege tun sich auf.

Beispiel:
Der Choral von Johann Sebastian Bach:
»Jesu bleibet meine Freude.«

Wer die Vertonung kennt, wird bei ihrem Anklang sofort Text und Musik im Ohr haben.

In sich hineinhorchend lauscht er der triolischen Streichermelodie, die der Musik etwas Wiegendes verleiht, schwingt sich ein in die rhythmische Gelassenheit, mit der sich die Töne um Worte bewegen. Wort und Ton erkunden einander. Aus diesem Vorgang ergeben sich gemeindepädagogische Anknüpfungsmöglichkeiten. Erstbegegnungen mit Musik und Text können methodisch angestoßen werden. Im einübenden Lernen prägt sich nach und nach etwas, was – irgendwann einmal – nur durch einen Anklang entfacht werden wird. Gemeindepädagogen sind Impulsgeber für solche Prozesse.

2. »Das musst du lesen, schauen, hören!« – Sprachkunst in Bibel und Literatur

»Ich kreise um Gott«, sagt Rainer Maria Rilke in seinem bekannt gewordenen Gedicht »Ich lebe mein Leben in wachsenden Ringen«. Und genau so könnte man es auch von der Bibel sagen. Mit be-

schwörender, lockender, manchmal sehr dunkler, manchmal wuchtiger, manchmal hinreißend zarter poetischer Kraft bewegt sie sich vielgestaltig um das Unaussprechliche. Wie sonst könnte sie Herzen von Menschen entzünden? Wie anders von der göttlichen Wahrheit reden?

Man kann sich die biblischen Texte wie lebendige Wesen vorstellen. Sie haben nicht nur Gestalt und Inhalt, sondern auch Tiefen, die sich dem ersten, erst recht dem flüchtigen Blick entziehen. Mitunter für lange, gar für immer. Die Seele eines Textes ist verwoben in seine Handlung, gekleidet in seine Sprache, eingezeichnet in seine Bilder oder versteckt in einem ganz winzigen Wort. Insofern fordern die Texte das Hinsehen, Hineinfühlen, Verweilen geradezu heraus. Ihre Verdichtung, ihr mythisches Narrativ, ihr Reichtum an vieldeutigen Metaphern, durch die sie sich in das weite Feld der Religion hineinwagen, bewirkt ihre Verweiskraft. Anders als in solcher Gestalt könnten sie gar nicht zu Wort kommen.

2.1 Bausteine zur Annäherung an einen biblischen Text (Verszeile)

Anmerkung: Die Auflistung zeigt ein kleines Spektrum kunstpädagogischer Möglichkeiten, die nicht zwingend additiv oder abschließend zu verstehen sind. – Für Heranwachsende ab etwa 9 Jahren.

Jesaja 42, 3: *»Das geknickte Rohr wird er nicht zerbrechen, und den glimmenden Docht wird er nicht auslöschen.«*

1. Inhaltliche Annäherung
➡ Je nach der Größe der Gesamtgruppe erhalten 2–3 Personen einen Umschlag mit Einzelworten (Großbuchstaben) des Verses.
➡ Die Worte sollen zu einem Satz gefügt werden.
➡ Jede Gruppe legt nacheinander ihren Satz in die Mitte des Gruppenkreises.
➡ Übereinstimmungen und Unterschiede werden ermittelt. (In einer Gruppe könnte sich beispielsweise ein Fragesatz ergeben: »Wird er den glimmenden Docht nicht auslöschen und wird er das geknickte Rohr nicht zerbrechen?«)
➡ Gespräch über die Metaphern des Verses (welche Vorstellungen/Anknüpfungen, Fragen, Ideen usw. werden ausgelöst?)
➡ Der Wortlaut aus Jesaja 42, 3 wird vergleichend ins Gespräch gebracht

2. Verknüpfungen
(Erfahrungsebene)

➡ Soweit nicht unter den ersten Schritten schon geschehen, können Vorstellungen, die sich Einzelne von der Person (»Er«) gebildet haben, eingebracht werden.

➡ Weiterführend fragen, z. B.: Wie sieht die Person aus, wie spricht oder geht sie? Wo könnte sie wohnen? Hat sie Familie? Was mag sie? Wo würde man ihr vielleicht gern begegnen? Oder gerade nicht u. a. m.

3. Vertiefung

➡ An die Kleingruppe ergeht eine zweite Aufgabe: Die Person soll nun mit eigenen Worten beschrieben werden (nur ein Satz).

➡ Der Satz wird an eine andere Gruppe weitergegeben, die ihn auf selbstgewählte Weise umsetzt und im Plenum vorstellt (Standbild, Gemälde, Pantomime u. a.)

➡ Ein Klangteppich zur Aussage wird erzeugt (Vertonung durch Orff-Instrumente oder Mittel wie Zeitung, Holz, Kunststoffeimer, Flaschen, Steine).

In der Begegnung mit Kunstwerken ist oft nicht recht auszumachen, wo die Grenze zwischen Kunst und Religion verläuft, inwiefern es sie überhaupt gibt oder jemals gegeben hat. Da fließt etwas an einem Punkt zusammen, den die große jüdische Lyrikerin Nelly Sachs »gottdurchlässig« nannte.

2.2 Anregungen für einen Erstzugang zu Elementen moderner Lyrik (Gedichtzeile)

(Für eine Erwachsenengruppe)

Nelly Sachs, »Chor der Wolken« (Schlusszeile):
»Ihr Ungeübten, die in den Nächten nichts lernen. Viele Engel sind euch gegeben. Aber ihr seht sie nicht.«

1. Lückentext reparieren
Ihr ..., die in den Nächten nichts ... / ... sind euch gegeben. / Aber ihr ... sie ... Lückenworte auslegen, im gemeinsamen Diskurs das Einfügen ausprobieren, Originalzeile einbringen, Ersteindrücke sammeln, Erinnerungen (beispielsweise an: Bilder/biblische Texte/Erfahrungen, Emotionen, Widerstände u. a.)

2. Mein Schlüsselwort finden
Wort auswählen, Gedanken notieren, im Trio austauschen, Plenumsgespräch

3. Imaginierendes Fragespiel
Beispiele: Welchen der drei Sätze würdest du dir gern übers Bett hängen? Warum? Was wäre, wenn einer der anderen Sätze da hinge? Oder: Warum nicht die anderen? Fragevorgang untereinander fortsetzen.

So wie Kunst und Religion einander nicht gleichen und doch durchdringen, so wirken Kunstpädagogik und Religionspädagogik aufeinander ein. Sie stehen in keinem gegenseitigen Dienstverhältnis. Vielmehr können sie jeweils auf Formen des Lernens verweisen, in deren Zentrum Begegnungen stehen. Hier wie dort bedarf es der allmählichen Einübung in tiefgreifende und hintergründig komplexe Prozesse. Es geht um sehr viel mehr als um ein Kennenlernen. Es geht um Anverwandlung. Das setzt ein Rezeptionsgeschehen voraus, in das Lernende handelnd und performativ involviert sind. »Das musst du lesen, schauen, hören! Du musst da gewesen sein!«

Theologin und Dozentin Angelika Leonhardi, Radebeul, freiberufliche Referentin für alte Sprachen, Literatur und Kommunikation

WORTE WERDEN FARBE

Ein spiritueller Mal-Workshop

Über die Kraft von Seelen-Farben, geheimnisvollen Linien und leuchtendem Blattgold

Angelika Aldenhoff-Artz

Worte können uns berühren, Farben auch. Gerade Farben und ihre unterschiedlichen Schwingungen haben erwiesenermaßen positiven Einfluss darauf, Körper, Seele und Geist in Einklang zu bringen, Kraft aufzutanken, Energie zu schöpfen. Ein ganzes Wochenende lang wollen wir versuchen, Worte, Bibel-Verse und Affirmationen, die für uns eine persönliche Bedeutung haben, zu verwandeln und ganz neu auf uns wirken zu lassen.

An einem verschneiten Freitagabend im Januar treffen wir uns in der heimeligen, wohlgeheizten Pfarrscheune. Warmer Tee und Plätzchen erwarten uns, alle Tische sind vorbereitet, die 28 Gouache-Farben, Becher, Aquarellkartons, bunte Mallappen, Paletten, Künstler-Pinsel, Aquarellstifte und Pastellkreiden warten nur darauf, endlich in Gebrauch genommen zu werden. 14 Augenpaare schauen mich gespannt an, manche durchaus skeptisch. Es zeigt sich, dass viele seit der Schulzeit nicht mehr gemalt haben, man habe ja doch kein Talent. Wie schade, denn eigentlich haben wir Menschen doch immer das elementare Bedürfnis und Freude daran gehabt, uns auszudrücken und Spuren zu hinterlassen. Wann ist sie uns abhanden gekommen, diese wundersame, belebende Kraft, sich ganz spielerisch dem Gestaltungsprozess hinzugeben, intuitiv zu vertrauen und wie früher als Kind nicht einen einzigen Gedanken an das Ergebnis zu verschwenden? Wann

Farben und Pinsel

haben wir vergessen, dass doch eigentlich alles wunderbar in uns angelegt wurde und vorhanden ist, das Vermögen, schöpferisch tätig zu sein, das, was wir »Kreativität« nennen? Kreativität und Schöpferkraft sind immer da und brauchen nur bestimmte Voraussetzungen wie Neugierde, Mut und Risikobereitschaft und das »Tun«, um neu belebt zu werden!

Je weniger Erfahrung man im künstlerischen Arbeiten hat, desto besser, desto freier. Alles darf sein, dazu müssen wir nur jegliche Bewertung, das Kritisieren und Zuordnen weglassen und lernen, neu und achtsam wahrzunehmen. »Den Ergebnisdrachen von der Schulter werfen – das Schöpferische wird nicht von der Logik gesteuert «, so sagt Michele Cassou in ihrem Buch »Point Zero –

entfesselte Kreativität«. Nein, es muss nicht perfekt sein! Ich muss nicht perfekt sein! Wichtig ist nur, authentisch zu sein, der eigenen Intuition vertrauen zu lernen und sich selbst freundlich und wertschätzend zu begegnen.

Das Wort »Circumambulation« (engl.) kennen wir u.a. aus dem Zen: Etwas Heiliges wird langsam mehrfach umkreist, um sich ihm anzunähern. Und so beginnen wir uns anzunähern, mit unseren Worten freikalligraphisch auf einem größeren Papier zu spielen, sie zu verwandeln, groß, klein, schnell, langsam, mit geschlossenen Augen, mit der Nicht-Schreibhand, in unterschiedlichsten Variationen zu schreiben und zu verinnerlichen, bis sich ein oder zwei Worte herauskristallisiert haben, zu denen dann wie aus dem Nichts eine Farbe erscheint. Mit dieser Farbe wird begonnen und andere dürfen dazukommen. Irgendwann im Laufe des Abends kehrt Stille ein und alle versinken ganz in den kreativen Prozess. Ein erstes Ausprobieren der Maltechniken, so entwickelt sich ein dynamischer Prozess, der sich durch den ganzen nächsten Tag zieht: Wandeln – Erneuern – Bewahren. Und im Wiederholen und Verwandeln entsteht Rhythmus, der zu einem Ausgleich führt und während des absichtslosen Malens auch vielleicht zu einem kleinen Stückchen inneren Friedens.

Am Samstagmorgen berichten wir. Manche haben wunderbar tief geschlafen, manche überhaupt nicht und manche erinnern sich an bunte Träume! Wir betrachten unsere entstandenen Bilder im hellen Tageslicht und sind verwun-

PANTA RHEI – WorteFluss

Pias Bild

dert, wie anders die Farben nun leuchten. Viele haben schon eine erste Idee und wollen direkt losmalen, andere haben ein wenig Berührungsängste mit der großen Leinwand. Ich bitte die Malenden noch einmal, diesen Tag ganz bewusst für sich als kreative Auszeit zu nehmen, um frei zu experimentieren, mit den Farben zu spielen, sich nicht unter Leistungsdruck zu setzen. Es gibt dann ja auch noch die Möglichkeit, am Abend mit der Leinwand duschen zu gehen. Da Gouache-Farben wasserlöslich sind, gäbe das bestimmt ein herrliches Farb-Bad und die wenigen Schatten, die auf der Leinwand verbleiben, inspirieren zu Neuem!

Die Zeit verfliegt. Hier und da ergeben sich spannende Gespräche vor der Leinwand, mir ist es eine Freude, die einzelnen Malprozesse behutsam begleiten zu dürfen. Die gestrigen Wort-Spielereien haben sich längst in Farben verwandelt und so, wie sie in den Bildern auftauchen, tauchen die Malenden ein in ihre Bilder und in einen Zustand des »Flow«. Im »Flow«-Zustand verlieren wir das Bewusstsein unserer selbst und gleichzeitig ist dies ein Zustand heller Bewusstheit, jedoch ohne die üblichen Ablenkungen der inneren Zweifel. Sind wir im »Flow«, so ist alles im Fluss, alles geschieht ganz mühelos. PANTA RHEI! Worte, Farben, Formen, Linien – alles fließt aus uns heraus, durch uns hindurch, verzaubert, bewegt, verwandelt und trägt uns. In diesem Moment sind wir ganz spirituell ausgerichtet und angebunden an die göttliche Schöpferkraft. Am Nachmittag widmen wir uns der

Vernissage Gottesdienst Eschenau 2016

Technik des Blatt-Vergoldens, um noch einige Abschluss-Akzente oder Schriftzüge mit schimmerndem Blattgold zu versehen.

Mit einer kleinen Abschlussrunde werden alle entstandenen Bilder gemeinsam betrachtet, wertgeschätzt und für einen Ausstellungs-Flyer fotografiert. Zwei schöne, intensive und kreative Tage gehen zu Ende – unsere künstlerischen Impulse werden weiterwirken. In einem später nachfolgenden Vernissage-Gottesdienst mit anschließendem Sekt-Empfang kann jeder Künstler sein Bild der Öffentlichkeit vorstellen und etwas über den Malprozess oder seine Intention berichten und so den Besuchern einen vielleicht anderen, neuen Zugang zur eigenen Spiritualität zu ermöglichen.

*Angelika Aldenhoff-Artz,
Freie Künstlerin, Diplom-Kunstpädagogin / -therapeutin (FH),
mobiles Atelier und Atelier-Werkstatt MALRAUM für die Kunst im Sozialen, www.aldenhoff-artz.de*

Von der Sozialpädagogin zur Zirkuspädagogin

Eine berufsbiografische Skizze

Anja Grolle

Für mich als Pädagogin stellt sich die Aufgabe im freizeitpädagogischen Bereich Kindern, Jugendlichen sowie Menschen mit Handicap Angebote für ihre allseitige Persönlichkeitsentwicklung zu schaffen. Es gibt viele Bereiche, wodurch dies realisiert werden kann. Für mich ist die Zirkuspädagogik wesentlich geworden, und über die Schilderung meiner beruflichen Entwicklung will ich zugleich deren Ansatz vorstellen:

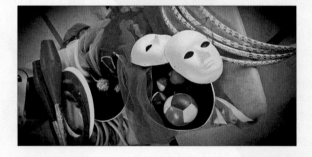

Für mich hat sich 1997 der künstlerische Weg eröffnet durch das Kennenlernen von Vereinen und Organisationen, die in dieser Form intentional und effektiv mit Menschen arbeiten. Ich sah in der *Villa Bunterhund* Rüdersdorf, ein Verein der Lebenshilfe im brandenburgischen Raum, behinderte und nicht-behinderte Menschen gemeinsam auf der Bühne mit Begeisterung Theater spielen.

Ich sah Kinder und Jugendliche wie kleine Artisten voller Stolz in Europas größtem Kinder- und Jugendzirkusprojekt *Cabuwazi* – chaotischer bunter Wanderzirkus – Berlin. Darüber hinaus schnupperte ich zum Beispiel in der Rolle eines Clowns Zirkusluft im Kinder- und Jugendzirkus im fränkischen Bamberg, nahm teil am internationalen Zirkustreffen im Kinder- und Jugendzirkus *Mignon* in Hamburg und hatte das Glück im *Barlay* Zirkus mit einer Luftakrobatik-Performance zu gastieren.

Ich war fasziniert von dieser besonderen Form pädagogischen Handelns: Eine Welt zu erschließen, die Perspektiven schafft, die die Persönlichkeit stärkt sowie fördert und die ein Zeichen für Akzeptanz und Toleranz setzt! Aus meiner persönlichen Erfahrung weiß ich um die Bedeutung der Freizeitangebote für Heranwachsende. Sie wirkt nicht nur präventiv, sondern stellt eine Welt dar, die einen Augenblick lang den Alltag vergessen lässt. Eine Welt, die zur Stärkung und Entwicklung der Persönlichkeit jedes Einzelnen beiträgt. Sie schöpfen Selbstvertrauen, da sie um ihre Fähigkeiten und ihr Können erfahren. Sie werden akzeptiert und toleriert in ihrer Individualität oder Andersartigkeit.

Als ich 1989 ein Fachschulstudium zur Kindergärtnerin absolvierte und ein Direktstudium im Fachbereich Erziehungswissenschaften über den zweiten Bildungsweg abschloss, hätte ich nie daran geglaubt, eines Tages als Zirkuspädagogin tätig zu sein. Ich habe Erfahrungen gesammelt in Mutter-Kind-Heimen, in Tagesgruppen und war viele Jahre

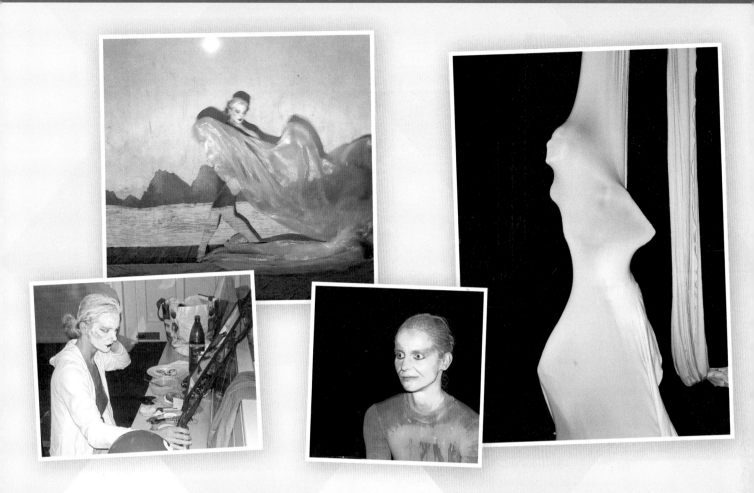

Sozialpädagogin in der öffentlichen Jugendhilfe. Ich betreute Kinder und junge Erwachsene in schwierigen Lebenslagen, Zöglinge mit seelischen und physischen Verletzungen. Es war stets meine Intention, diese Menschen präventiv zu begleiten bei der Bewältigung ihrer Lebenssituation und perspektivisch auf ihren Lebensweg positiv einzuwirken. Durch das Kennenlernen der eingangs genannten Institutionen war ich sozusagen in zwei Parallelwelten als Pädagogin aktiv tätig. Ich durchlief den klassischen Weg einer Sozialpädagogin in staatlichen Institutionen und lernte gleichzeitig interessante Projekte kennen, die längst innovativ, integrativ und generationsübergreifend mit Kindern und jungen Erwachsenen arbeiteten. Dadurch erschlossen sich für mich viele Möglichkeiten pädagogischen Handelns. Mir wurde stetig bewusst und deutlicher erkennbar, dass Heranwachsende mehr bedurften als »nur« eine Betreuung, Begleitung und Fürsorge. Sie benötigen Impulse, unmittelbare Angebote für ihre allseitige und individuelle Persönlichkeitsentwicklung.

In Reflexion auf die bisher angeführten Komponenten entschloss ich mich als Freizeit- und Zirkuspädagogin tätig zu sein. Dem gerecht zu werden, nahm ich an verschiedenen Fortbildungen und Workshops teil. So erlernte ich Grundtechniken der Luftakrobatik (Vertikaltuch/Trapez) im Berliner *Cabuwazi* und konnte mein Repertoire an Zirkusspielen erweitern. Ich absolvierte Tanzworkshops unter der Leitung von *Julie Stancak* (USA) in Anlehnung an das Wuppertaler Tanztheater von Pina Bausch und

bei *Petra Lehr* vom Tanztheater Frankfurt am Main. Ich nahm teil an verschiedenen interkulturellen Zirkus- und Straßentheaterprojekten zwischen Ländern wie Palästina, Israel, Slowenien, Tschechien, Ungarn, Rumänien, Polen, Dänemark und Deutschland. Bis heute nehme ich an den jährlich stattfindenden *Hessischen Kinder- und Jugendtheaterwochen* in *Marburg-Biedenkopf* teil.

Seit 13 Jahren agiere ich eigenständig als freiberufliche Pädagogin und meine Tätigkeit konzentriert sich auf die Arbeit mit Kindern, Jugendlichen und jungen Erwachsenen im künstlerisch-kulturellen Rahmen und umfasst Angebote im Tanz, Theater- und zirkuspädagogischen Bereich. Inhaltliche Schwerpunkte sind beispielsweise: Interaktions- und Kennenlernspiele, Zirkus- und Bewegungsspiele, Erlernen von Grundtechniken der Akrobatik, Brücken und Pyramiden bauen, Rad schlagen, Jonglieren mit Tüchern und Bällen, mit kleinen und großen Reifen Kunststücke zaubern, Teller drehen, am Minitrampolin in die Luft springen, Clown sein und vieles mehr unter Begleitung inspirierender Zirkustheatermusik.

Ausgehend von einer selbst erfundenen Geschichte können verschiedene Bewegungsbilder entstehen, die choreografisch zusammengefügt ein Zirkustheaterstück ergeben. Mitmachen, Ausprobieren und Experimentieren stehen im Focus des Tuns, dem spielerischen Lernen: Gemeinsam die Welt des Zirkustheaters erkunden! Kleine Wunder vollbringen und Kunststücke zaubern, mal als Solist oder in

Kleingruppen. Den Kindern wird Raum und Zeit gewährt, sich auszuprobieren, sich zu entdecken und selbstbestimmt ihre Ideen zu verwirklichen, fern vom Leistungsdruck und dem Streben nach Perfektion.

Die Themenfindung der Zirkustheatergeschichten gestaltet sich unterschiedlich. Sie orientiert sich nicht nur am Phantasiereichtum der Teilnehmer, sondern kann auch an ihre aktuellen Lebensthemen gebunden sein. Das ist Theater ohne Sprache, Ausdruck durch Bewegung unter Einbeziehung der Kreativität und Ideen der kleinen und großen Akteure. Darüber hinaus werden über den spielerischen Weg individuelle Fähigkeiten und Fertigkeiten gefördert, soziale Kompetenzen im Gruppengeschehen gestärkt. Den Höhepunkt bildet am Ende eine Präsentation. Sie bietet den jungen »Künstlern« die Möglichkeit, das Erlernte und gemeinsam Erarbeitete mit Stolz zu zeigen. Dann heißt es »Hereinspaziert!«: Eltern, Großeltern, Geschwister, Freunde, Mitschüler und Lehrer sind zu einer Show immer herzlich eingeladen.

Ein wesentlicher Bestandteil meines gesamten Handelns trägt den Aspekt der Integration. Wobei ich betonen möchte, dass der Begriff *Integration* nicht gleichzusetzen ist mit dem heute so gern verwendeten Ausdruck der *Inklusion*. Ich stütze mich sehr stark auf das Miteinander über den spielerisch künstlerischen Weg zu arbeiten, der immer soziale Aspekte einschließt. Die Ausübung meiner Angebote gestaltet sich in ihrem Charakter unterschiedlich. Sie kann über ein- oder mehrtägige Workshops (Schul- und Ferienangebote), feste Trainingskurse, wie Zirkus-Theater AGs, oder über einen längeren Zeitraum in Kooperation mit anderen Institutionen projektorientiert erfolgen.

Trotz aller Euphorie für die zirkuspädagogische Tätigkeit erlaube ich mir einen Aspekt anzusprechen, der mir sehr nahe liegt. Die zirkuspädagogische Arbeit ist unumstritten politisch gewollt, aber finanziell und ideell erfährt sie kaum staatliche Unterstützung. Hinter mir als Freiberuflerin steht keine Gewerkschaft, eine Lobby habe ich auch nicht. Dennoch leisten meine Kolleginnen und Kollegen und ich seit vielen Jahren einen wesentlichen Beitrag im Bildungs- und Erziehungsbereich. Eine Würdigung und Anerkennung durch angemessene finanzielle Unterstützung wäre wünschenswert. So grotesk es klingt, aber es ist manchmal wie beim Seillaufen: ein ständiger Balance-Akt zwischen finanzieller Absicherung und dem zeitweiligen Zurückgreifen müssen auf Transferleistungen. Auch Eltern wären finanziell entlastet, wenn man Kitas, Schulen oder soziale Projekte mit entsprechenden Honorarmitteln, vor allem für den Freizeitbereich, unterstützen würde. Auf diese Weise wäre Chancengleichheit bei Bildung, Erziehung und Förderung unserer Kinder und Jugendlichen gewährleistet

Doch ich möchte natürlich positiv schließen, mit Leitsätzen unserer zirkuspädagogischen Arbeit: Das Leben ist bunt! Meine Welt ist bunt! Deine Welt ist bunt! Manchmal ist sie schwarz-weiß, dennoch nie einfarbig! Manchmal träum ich sie mir bunt, dann entsteht meine Geschichte, unsere Geschichte, (k)ein Traum und endet … mit einem Applaus!

Anja Grolle ist Diplom-Pädagogin im künstlerisch-kulturellen Bereich mit den Schwerpunkten Zirkuspädagogik/Zirkustheater/ Tanztheater in Berlin und Umgebung.

DIE KINDER-STADTFÜHRUNG ERFURT

Methoden und Zielgruppenorientierung in Kunst-, Kultur-, Geschichts- und Religionsvermittlung am außerinstitutionellen Lernort

Franziska Bracharz

Die Kinderstadtführung Erfurt als lokaler, nicht geförderter Bildungsanbieter

Seit 2005 werden in der Thüringer Landeshauptstadt Erfurt Stadtrundgänge, Museumsführungen, Stadtspiele und Projekte, vorwiegend im primären Bildungsbereich, durchgeführt, die Stadtgeschichte, lokale Kunst und Religionseinrichtungen erlebnisorientiert sichtbar machen.

Mit rund 400 Führungen und etwa 8000 Teilnehmern im Jahr ist die Kinderstadtführung Erfurt einer der größten Bildungsanbieter seiner Art in Thüringen. Ihren Sitz hat sie im ältesten Haus der vollständig bebauten und bewohnten Krämerbrücke, dem Haus der Stiftungen. Vier Rundgangsleiter führen mit verschiedenen Angeboten das gesamte Jahr durch die Altstadt und die Museen der Thüringer Landeshauptstadt.

Zielgruppen und Teilnehmer

Jede Altersgruppe hat dabei die Möglichkeit, aus verschiedenen Führungen zu wählen. Der größte Teilnehmerkreis besteht aus Grundschulklassen der 3. und 4. Jahrgangsstufe. Sie nutzen dieses Angebot im Rahmen des praxisorientierten Unterrichtes in Heimat- und Sachkunde. Die 1. und 2. Klassen kommen in den Hortzeiten oder zum Schuljahresabschluss sowie an Wandertagen. Kindertagesstätten führen die Rundgänge zumeist im Kontext von Projekten wie »Meine Stadt« oder »Mittelalter erfahren« durch. Die jüdischen Stadtrundgänge, die Angebote in der Alten Synagoge oder der mittelalterlichen Mikwe, dem jüdischen Ritualbad, werden vor allem von Klassen der sekundären Bildungsstufe besucht. Beliebt an Kindergeburtstagen sind die Kunstspiele und Führungen in den Kunstmuseen, wie Angermuseum,

Kunsthaus oder der Galerie des Verbandes Thüringer Künstler e. V. Des Weiteren lernen Studenten der Erziehungswissenschaftlichen Fakultät und von Lehrerseminaren die Didaktik und Vermittlungsformen im Kontext der jüdischen Geschichtsvermittlung. Auch Weiterbildungen für Erzieher und Lehrer stehen bei der Kinderstadtführung zur Auswahl.

Den kleinsten Teil der Besucher machen Familien im Rahmen öffentlicher Führungen aus.

Angebote und didaktische Herangehensweisen

Die bekanntesten Sehenswürdigkeiten und die allgemeine Stadtgeschichte Erfurts werden mit den Touren »Kleine Mönche«, »Wahrheit oder Lüge« oder »Licht an!« vermittelt. Während der »Kleine Mönche«-Stadtführung tragen die Schüler ein Bettelmönchskostüm. Die Stadtführer nutzen unterstützend Materialen wie farbige Bildtafeln, welche an den Stationen gezeigt werden. So wird neben dem sprachlichen Verständnis auch an das visuelle Lernen angeknüpft.

Dinge, wie Puffbohnensamen, getrocknetes Waid, das im Mittelalter zur Farbgewinnung diente, oder auch Originalfunde von archäologischen Grabungen dienen zusätzlich der Veranschaulichung. Durch gemeinsames Nachzählen von z. B. den Brückenbögen der Krämerbrücke oder den Domstufen wird der mathematische Bildungsbereich angesprochen. Die Konzepte der Stadtführungen lehnen sich an alle Bildungsbereiche des Thüringer Bildungsplanes sowie an den Thüringer Lehrplan an.

Geführt wird vorwiegend im sokratischen Stil oder mittels angeleiteter Interaktion, wie bei »Wahrheit oder Lüge?!«, dem Stadtspiel, bei welchem sich die Kinder mit einer rot/grünen Holzkelle oder farbigen Karten entscheiden müssen, ob das Gesagte der Wahrheit entspricht oder nicht.

Für richtige Antworten erhalten die Teilnehmer aller Altersklassen einen Punkt im sogenannten Spürnasenpass. Durch den Wettbewerbscharakter wird die Motivation der Kinder erhöht. Die Anzahl der Punkte spielt letztlich keine Rolle. Alle Teilnehmer erhalten eine kleine Anerkennung. Diese Form der Vermittlung wird auch in den Museen erfolgreich durchgeführt.

In der mittelalterlichen Mikwe, der Alten Synagoge, dem Angermuseum und der Galerie des Verbandes Thüringer Künstler e.V. wurden Leitfiguren, vor allem Handpuppen wie kleine Drachen, Friedrich in einer Zeitmaschine oder bunte Löwen installiert. Sie stehen im Dialog mit dem Vermittler und sollen den Inhalt durch emotionales Lernen erschließen helfen.

Fiktive Figuren, wie z. B. Gerald Gerageist dienen zum Aufbau von Spannungsbögen, beim Abstieg in die Keller der Krämerbrücke muss man mit unheimlichen Dingen rechnen, wie dem plötzlichen Erdunkeln des Kellers. Bei allen Kunstführungen und Spielen werden Werkzeuge der Museumspädagogik angewandt und mit dem aktiven, praxisorientierten Arbeiten im Haus verbunden.

Religionen und ihre Zeichen in der Stadt

In der Stadt gibt es zahlreiche rituelle, ehemals und aktiv genutzte Beträume der drei wichtigsten Religionen, nämlich 77 Kirchen, 3 Synagogen und eine zukünftige Moschee. Das bietet die außerordentliche Möglichkeit zum Lernen im Kontext der Religionen Judentum, Christentum und Islam. Bestehende Kooperationen mit den verschiedenen Religionsgemeinschaften, wie der Landesgemeinde der Thüringer Juden e.V., dem Evangelischem Kirchenkreis und der liberalen muslimischen Gemeinde Ahmadiyyah Muslim Jaamat, werden zukünftig weiter ausgebaut, um bereits im frühen Lernabschnitt der Kinder für Toleranz und ein friedliches Miteinander der Religionen zu werben, das religiöse Verständnis und damit die soziokulturelle Kompetenz zu schulen.

Pädagogische Einrichtungen aller Konfessionen nehmen die Angebote der Kinderstadtführung regelmäßig wahr und tragen durch eigene Projekte, wie dem Meschugge-Festival, einem jüdischen Kinder- und Jugendfestival zur interreligiösen Verständigung bei.

Franziska Bracharz, Kunst-, Kultur- und Geschichtsvermittlerin und Leiterin der Kinderstadtführung Erfurt

PFINGSTEN
erleben und gestalten

Gestaltungsvorschlag für die Arbeit mit Kindern

Angela Kunze-Beiküfner

ANKOMMEN:
Lied: Alle, alle sind schon da; Erzählgebet: Blume, Muschel, Stein; Runde: Was macht mich gerade froh, was belastet mich, wonach sehne ich mich?

IMPULS:
➤ **Braunes rundes Tuch:** »Was könnte das sein?« – Der Boden der Stadt Jerusalem
➤ **Buntes Tuch:** Jedes Kind darf ein Haus, symbolisiert durch ein buntes Tuch, hineinlegen. In den Häusern wird das Fest der Weizenernte gefeiert.
➤ **Goldenes Tuch:** Der Tempel – viele Menschen aus ganz verschiedenen Ländern sind gekommen, um dort zu feiern.
➤ **Schwarzes Tuch:** Ein Haus und die Fragen: »Was ist schwarz? Wie geht es den Leuten dort?« Erst schwarze Tücher, dann bunte legen und damit die Geschichte ankündigen.

ERZÄHLUNG:
Situation der Freunde Jesu: In diesem Haus haben sich Freunde Jesu versteckt, Männer, Frauen und Kinder – einige Namen kennt ihr vielleicht schon: Petrus, Johannes und Jakobus, Maria und Magdalena, aber auch Kinder – z. B. die Martha und der Lukas und die Johanna. Sie sind traurig, weil Jesus getötet wurde, und sie haben Angst vor der Verfolgung durch die Soldaten. Darum haben sie das Haus fest verriegelt und alle Fensterläden zugemacht. Es dringt fast kein Licht von außen hinein.
➥ Schwarzes Tuch nutzen, dunkle Steine oder schwarze Papierstreifen um das Haus legen und/oder ein schwarzes Herz hineinlegen, Haltung der Menschen in dem Haus nachempfinden

Strophe 1: Türen sind verriegelt, Herzen sind ganz schwer, Menschen fürchten Menschen, vertrauen sich nicht mehr. (Melodie: Komm Heil'ger Geist, mit Deiner Kraft, die uns erfüllt und Leben schafft EG 126)
Die Kinder kommen in einer Ecke zusammen und unterhalten sich. Johanna: »Das ist ja kaum noch zum Aushalten, was ist nur mit den Erwachsenen los? Draußen wird schön gefeiert und wir hängen hier rum und reden nicht mal miteinander!« Lukas: »Du weißt doch, was los ist. Jesus fehlt ihnen. Sie wissen gar nicht, wie es jetzt weitergehen soll. Fehlt er dir denn nicht?« Johanna: »Na klar fehlt er mir, sogar sehr! Jetzt ist niemand mehr da, der uns so tolle Geschichten vom Königreich Gottes erzählt und mir richtig zuhört!« Martha: »Aber als sich Jesus von uns verabschiedet hat, da hat er uns doch gesagt: ›Ich bin bei euch, auch wenn ihr mich nicht seht, und ich schicke euch eine Kraft, die Leben schafft.‹ Haben das denn die Erwachsenen vergessen?« Johanna ruft: »Komm, wir wollen sie daran erinnern!« Die Kinder gehen auf die Erwachsenen zu und rufen.
➥ Erzählerin geht im Kreis und »rüttelt sie auf«.

Strophe 2: Warum seid ihr ängstlich, warum seid ihr matt, ihr wisst doch, was Jesus uns versprochen hat?
Das Gebet: Einzelne Erwachsene scheinen auf die Kinder zu hören, sie heben die Köpfe und erinnern sich an die Worte Jesu.
Einige beginnen zu reden: »Ja, Jesus hat gesagt, auch wenn wir ihn nicht sehen, ist er bei uns. Und er schickt uns eine Kraft, den Heiligen Geist, damit wir seine Nähe spüren.« Andere sagen: »Dann lasst uns darum beten, dass uns Gott diese Kraft schickt!« Und einige beginnen zu rufen.

Strophe 3: Komm, heil'ger Geist, mit deiner Kraft, die uns erfüllt und neue Freude schafft!

Die Wende: Immer lauter und länger singen sie, immer mehr Menschen in dem Haus stehen auf und beten mit. Lange singen und beten sie. Und dann passiert auf einmal etwas. Die Menschen spüren etwas: Wollt ihr das auch mal spüren? Dann lasst mal die Augen zufallen, wenn ihr den Zimbelton hört, und macht sie erst wieder auf, wenn der Ton wieder erklingt.

➡ Zimbelton, Fächer schwingen, allen Kindern wird Wind zugefächert, Zimbelton

Auf einmal kommt in dem Haus ein frischer Wind auf. »Wie fühlt sich das für euch an? Wie ging es euch, als ihr den Wind eben gespürt habt?«

Strophe 4: Plötzlich kommt ein Sturmwind. Bläst die Menschen an. Treibt die ganze Angst fort, Kraft man spüren kann.

Ob es daran liegt, dass die Kinder ein paar Fenster geöffnet haben oder daran, dass sich die Erwachsenen erinnern, was Jesus zu ihnen gesagt hat: »Ich bin bei euch, auch wenn ihr mich nicht seht, und ich schicke euch eine Kraft, die Leben schafft.« Gottes Kraft kommt wie ein Sturmwind, er öffnet Türen und Fenster und bringt alle in Bewegung.

➡ Schwarze Steine oder Papierstreifen wegräumen

Im Haus ist es nicht mehr dunkel, alle Türen und Fenster sind weit offen.

➡ Das schwarze Haus-Tuch wird eingerollt, darunter liegt ein gelbes Haus-Tuch

Die Freunde Jesu sind Feuer und Flamme. Gottes Kraft hat sie ergriffen, Gottes Lebensatem. Sie sind begeistert.

➡ Ein rotes Herz mit Kerze in der Mitte

Strophe 5: Feuer in den Herzen, das ist Gottes Geist, alle sind begeistert, spür'n, was Freude heißt.

Gesang: Was macht man, wenn man begeistert ist? Die Freunde Jesu fangen an zu singen, zu tanzen, zu lachen und zu reden. Es hält sie nicht mehr im Haus. Sie laufen auf die Straße und feiern da weiter und rufen: Jesus ist bei uns, auch wenn wir ihn nicht sehen. Er schickt uns eine Kraft, die Leben schafft!

➡ Goldene Papierstreifen strahlenförmig an das Haus anlegen

Strophe 6: Petrus und die andern treten mutig vor. Alle Sprachen klingen an der Leute Ohr.

Die Menschen in der Stadt staunen: Die Jünger sind verändert. Was ist passiert? Die einen denken, sie sind betrunken, die anderen befürchten, sie sind verrückt geworden. Aber Petrus erklärt ihnen, was geschehen ist. Und alle verstehen ihn – auch die Menschen, die eigentlich nicht seine Sprache sprechen! Was geschieht da? Sie lassen sich von der Begeisterung der Freunde Jesu anstecken und singen und feiern mit.

Strophe 7: Alle sind begeistert. Keiner bleibt allein, singen, tanzen, lachen, woll'n zusammen sein.

Individuelle Bildgestaltung: Pfingstbild legen – jedes Kind darf ein Haus pfingstlich gestalten

Materialien: Steine für das Beschwerliche, Rote und gelbe Tücher für das Feuer, weiße Federn für den Geist Gottes, die Ruach und die Pfingsttaube, kleine Herzen, Filz-Blumen.

GESPRÄCH:

Viele Menschen entscheiden sich an diesem Tag, dass sie auch zu den Freundinnen und Freunden Jesu gehören wollen. Viele lassen sich taufen. Und noch heute denken wir einmal im Jahr an diesen Tag und dieses Ereignis zurück, indem wir ein Fest feiern: das Pfingstfest. Die weiße Taube ist das Symbol für das Pfingstfest. Was denkt ihr, warum? Was ist mit den Freundinnen und Freunden Jesu passiert? Was hat sie verändert? Wie stellt ihr euch die Kraft Gottes vor?

➡ Abschluss mit Lied (z. B. Wiederholung des Liedes aus der Geschichte) und Gebet

Dr. Angela Kunze-Beiküfner, Pfarrerin und Dozentin; Stellv. Direktorin und kommissarische Leiterin des Pädagogisch-Theologischen Instituts der Ev. Kirche in Mitteldeutschland und der Ev. Landeskirche Anhalts

Unterwegs und zu Gast

Wanderprojekt der Kindergruppen des Kirchenbezirkes Freiberg

Bettina G. Lemke

Die Kindergruppen des Kirchenbezirkes begeben sich in den Herbstferien drei Tage auf Wanderschaft durch ihren Kirchenbezirk. Unterwegs sind sie zu Gast bei anderen Kirchgemeinden, die sie eine Nacht beherbergen und versorgen. Am Ende treffen sich alle Gruppen an einem Ort zum gemeinsamen Abschluss. Es geht ums Unterwegssein, darum, in der Natur zu sein, die geweitete Heimat mit ihren interessanten Flecken kennenzulernen. Heimat wird vielschichtig erlebt: in der Gruppe, unterwegs, in den Gastgebergemeinden und Kirchen. Das verbindet Kinder und Mitarbeitende und Gemeinden durch viele beteiligte Menschen.

Material/Vorbereitung

Das Projekt findet im KBZ Freiberg aller drei Jahre statt: Sonnabend bis Montag zu Beginn der Herbstferien. Es wird von den Gemeindepädagog(inn)en des Kirchenbezirkes vorbereitet. Diese sind i.d.R. auch die Wanderleiter ihrer Kindergruppen. Die Vorbereitung braucht ein Dreivierteljahr Vorlauf zur Koordinierung von Gastgebergemeinden und Wandergruppen und die inhaltliche Planung.

Die Koordinierung erfolgt von einer Stelle aus, bei der sich alle Informationen zu Gästen und Gastgebern bündeln (Büro der Arbeitsstelle). Dazu gehören:

Einladebrief an alle Kirchgemeinden mit Rückmeldebögen als Gastgeber (an welchen Tagen wo mit Kapazität der Räume und Verantwortlichen) und Wandergruppe (geschätzte Gruppengröße, Wanderleitung), die Bündelung aller Informationen, Einlade- und Infobriefe an alle Beteiligten.

Zur Inhaltlichen Vorbereitung gibt es drei AGs, die miteinander vernetzt sind:

AG INHALT: Festlegung des Themas, Erstellung eines Logos und Accessoires mit Logo (Beutel/Schal), eines Wanderheftes mit Liedern, Andacht, Gebeten, Texten, KBZ-Karte und Tagebuchseiten für die Wandernden

AG ROUTEN: Erstellung der Wanderrouten aufgrund der Wandergruppen- und Gastgeberanmeldungen

AG ABSCHLUSS: Vorbereitung und Durchführung des gemeinsamen Abschlusses an einem Ort für alle Wandergruppen mit Spielen zum Ankommen, Kaffeetrinken und Abschlussveranstaltung mit besonderem Höhepunkt.

Ablauf

Folgen wir einer Wandergruppe. Es ist eine kleine Kindergruppe (9 TN) zweier Freiberger Kirchgemeinden, begleitet von einer Gemeindpädagogin und zwei ehrenamtlichen Männern. Thema ist: »Auf geht's. Schätze entdecken.« Start Sonnabendmorgen in Freiberg. Das Gepäck der Kinder (Schlafsäcke, Isomatten usw.) wird ins Auto geladen und von einem Gemeindeglied an den Zielort gebracht. Das erste Ziel ist eine Autostunde entfernt, nicht zu erlaufen. Also bringen die Eltern die Kinder an den Ausgangpunkt für die erste Wanderetappe: Altenberg. Jedes Kind erhält einen Schatzbeutel, knallorange mit dem Logo der Wanderung und ein Wanderheft. Der Beutel darf sich füllen. Was werden die Schätze sein? Ersten Entdeckung die Pinge, eine riesiges zusammengerutschtes Bergbauloch. Glück gehabt! Gerade endet eine Führung und die Gruppe darf reinschauen und viele Fragen stellen. Und die Kinder entwickeln verrückte Ideen, was man mit so einem Loch alles anfangen könnte. Die nächste Etappe führt zum Geisingberg. Eigentlich soll es vorbei gehen, doch der Berg mit seinem sichtbaren Turm ist zu interessant. Also hinauf! Oben wartet eine Gaststätte und der Turm. Was für eine Aussicht und welche Überraschung: Da ist schon das Nachbarland Tschechien. »Ich dachte, das hier ist alles Deutschland.« »Wo kommen wir her? Wo geht's hin? Wo ist unser Ziel? Gehen wir da auch lang? Was ist das?« Immer wieder wird die Wanderkarte geöffnet, erklärt, geschaut, entdeckt. Nun geht es über Wege und Pfade ins Tal. Der dortige Wildpark wird zur zweiten Rast. Tiere anschauen, streicheln, den Spielplatz erobern. Und noch einmal Aufbruch, dem Wasserlauf folgend und wieder bergan bis nach Bärenstein. Unterwegs zeigt sich immer wieder Interessantes: Teile eines Mühlgrabens und die herbstliche Natur! Wunderschöne Fliegenpilze – Schätze, die leider stehenbleiben müssen. Die Kinder saugen alles auf und reden, fragen.

Im Bärensteiner Pfarrhaus angekommen, empfängt sie herzlich ein Kirchvorsteher mit einem warmen Abendessen. Das schmeckt! Und es ist noch Energie da: »Können wir Fußball spielen?« »Ja auf dem Fußballplatz.«

Also gibt es auf dem Weg dahin gleich eine Stadtführung und Fußball bis zum Dunkelwerden. Noch einmal bergan und dann ist´s genug für heute. Die Lager werden ausgerollt im Gemeinderaum, ein Gute-Nacht-Gebet mit dem Wanderheft und eine Einschlafgeschichte.

Der Sonntag beginnt nach Frühstück, Sachen packen mit einem Gang in die erntedankgeschmückte Kirche. Hier ist heute kein Gottesdienst. Der Kirchvorsteher zeigt die Kirche, die Kinder entdecken und fragen viel und halten miteinander Andacht. Auf geht`s in den Nachbarort Johnsbach. Dort war einst die Kirche abgebrannt und eine Neue entstanden mit vielen Gemeinderäumen. Diese wird ausgiebig erkundet und für das nächste Sommercamp auserkoren. Nach dem leckeren Lunch geht es über Felder und durch den Wald nach Schmiedeberg ins zweite Quartier. Auf dem Wege haben die Kinder viele Pflanzen erforscht, erfühlt, inspiziert. Ein Begleiter kannte sich aus. Was kann man essen, wovon Tee machen, wofür ist das gut? Das letzte Stück Straße ist öde und wird mit Singen erträglich. In Schmiedeberg wird's gemütlich in den Gemeinderäumen einer Wohnung. Es gibt sogar ein Zimmer für die Mädchen und eins für die Jungen. Hier kümmern sich ganz verschiedene Menschen der Gemeinde um die Gäste und empfangen sie erst mal mit leckerem Kuchen. Der kleine Gemeindegarten muss für Fußball herhalten und dann wird Feuer gemacht und Stockbrot. Außerdem gibt's Pizza. Am Abend in gemeinsamer Runde wird zurückgeschaut auf die Erlebnisse des Tages, die Schätze, die vielleicht auch gar nicht in den Beutel zu stecken waren, weil sie im Miteinander passiert sind. In einer Dank- und Bitte-Runde geben die Kinder ihrem Erleben betend Ausdruck. Manches davon wird im Wanderheft verewigt, die Route in die Karte eingezeichnet. Wieder einer Gute-Nacht-Geschichte lauschen. So kommt gar kein Heimweh auf. Mancher sinkt dabei schon in einen tiefen Schlaf.

Der letzte Wandertag, Montag. Nach dem Frühstück dickes Lob und Dankeschön für die gute Beherbergung und Versorgung. Pro Kind bleiben 5 € als Danke-Spende in der Gemeinde. Wieder ist erstes Ziel die Kirche, wenige Schritte nebenan. Es ist laut drin, Handwerker arbeiten. Die Kirche wird restauriert und einer erzählt ihnen,

was sich George Bär mit dem Bau und der Form dieser Kirche gedacht hat. Die Schmiedeberger empfehlen noch eine bessere Wanderroute nach Dippoldiswalde über einen Park und Wiesenpfade fast querfeldein, so dass sie sich immer wieder vergewissern müssen auf der Karte und mit dem Kompass, gehen wir noch richtig? Hinter einem Zaun ist Wild zu sehen und sie hören es röhren. Was für Geräusche! Das letzte Stück ist ungewöhnlich, ja eigentlich verboten. Aber es kommt ganz sicher kein Zug, weil die Strecke seit der Flut noch nicht wieder aufgebaut ist. Dann geht es – ausnahmsweise, weil wirklich kein Zug kommen kann! – die Schienen entlang bis nach Dippoldiswalde zum Bahnhof. Dort beginnt die Kleinbahn. Gerade rangiert die Dampflok und zieht das Interesse der Kinder auf sich. Mit der Bahn geht es durch den Rabenauer Grund nach Freital, von dort mit der Regionalbahn bis Klingenberg-Colmnitz und nun ist noch ein kleines Stück bis zum Abschlussort. Aber es zieht sich, bis auf dem großen Gelände die ersten Kinder und Spiele erkennbar werden – Kaffeetrinken und im Gewimmel zum Spielen verschwinden mit den anderen Kindern, die schon da sind. 16 Uhr findet in der großen Scheune (diesmal nicht in einer Kirche) der gemeinsame Abschluss statt. Die Scheune füllt sich mit 150 Kindern, 25 Begleitern und ersten Eltern. Dann werden die gemeinsamen Lieder der Wanderung geschmettert. Ein Anspiel führt zu den Schätzen. Schließlich bringen Kinder aus allen 11 Wandergruppen einen symbolischen »Schatz« nach vorn und erzählen den anderen von einem besonderen Erlebnis. So füllt sich eine ganze Schatztruhe! Grund genug für Schutz und Bewahrung, für alles Gott zu danken. Schließlich gibt es noch eine halbe Stunde ein musikalisches Mitmachprogramm mit Frank Fröhlich. Dann geht es mit den Eltern nach Hause.

als Spende, die verbleibenden 10 €/Kind sind für Unterwegskosten und anteilig für die Abschlussveranstaltung. Die Gastgeber stellen Unterkunft und Verpflegung – abends warmes Essen, Frühstück und Lunch für unterwegs. Außerdem braucht es in jeder Gemeinde jemanden, der das Gepäck transportiert und entgegennimmt. Am letzten Tag wird das Gepäck gleich in die Heimatgemeinde gefahren. Das erspart Gepäckchaos am Abschlussort.

Der gemeinsame Abschluss vermittelt die Erfahrung: So viele sind wir! Alle waren wandern und haben andere Erlebnisse gehabt! Kirche ist groß, besteht aus vielen. Im Laufe der Projekte haben wir kulturelle das Höhepunktprogramm immer mehr reduziert. Weniger ist mehr.

Für die Wanderleiter besteht der größte Aufwand im Inspizieren/Ablaufen der Route. Alles andere ist durch die Vorbereitungsteams und Organisation bereitgestellt, vernetzt, informiert. Ein Anruf bei den Quartiergebern zum Kontaktaufnehmen und Vergewissern und dann kann es losgehen mit leichtem Gepäck. Das Wesentliche geschieht unterwegs – auch durch das Unvorhergesehene, der Weg, die Natur und die wandernde Gruppe gestalten das Programm. Ein paar Spiele und naturpädagogische Ideen im Gepäck sind eine gute Ergänzung.

Einigen Gruppen hat die Wanderung so gefallen und sie so angeregt, dass sie in den Jahren dazwischen eigene Wanderungen selbst organisiert haben. Die Freiberger sind dieses Jahr mit Familien unterwegs gewesen – auch in einer Kirchgemeinde so ganz rustikal zu Gast gewesen.

So ist der Kirchenbezirk schon etwas Heimat geworden.

Aus der Praxis

Das Projekt beruht auf Geben und Nehmen. Gemeinden sind Gastgeber und gehen als Gäste los. Das geht logistisch nicht ganz auf. die Idee bleibt. Die Kinder zahlen 20 €. Davon verbleiben 5 €/Kind in den Gastgemeinden

Bettina G. Lemke, Bezirkskatechetin
Bereich Gemeinde bei der
Ev. Jugend im Kirchenbezirk Freiberg,
Arbeitsstelle Kinder Jugend Bildung

Tag der Apostel Petrus und Paulus

Mit allen Sinnen auf alten Spuren

Simone Carstens-Kant

JUNI 29

Hintergründe

Der 29. Juni ist einer der wenigen »Heiligen«-Gedenktage in unserer Kirche. Vom Petersdom in Rom haben Jugendliche gehört und vielleicht sogar von der Frankfurter Paulskirche. Aber wer waren die Namensgeber? Petrus als Wettermacher ist womöglich bekannt. Doch Paulus?

Der Legende nach sind die Leichname der beiden als Märtyrer in Rom gestorbenen Männer (zwischen 64 und 67 n. Chr.) an diesem Tag in der Katakombe an der Via Regia beigesetzt worden. Bis heute sind Petrus und Paulus die wichtigsten Zeugen der christlichen Ursprünge. Während Petrus zu den ersten Jüngern Jesu gehört, stößt Paulus erst etwas später zum Christentum. Beide sind im jüdischen Glauben groß geworden. Petrus stammt aus Bethsaida am See Genezareth und hat später in Kapernaum als Fischer den Lebensunterhalt für sich und seine Familie gesichert. Paulus dagegen stammt aus Tarsus, einem kulturell interessanten Ort in Kleinasien (heute Türkei), in dem die Juden jedoch eine Minderheit bilden. Paulus erlernt den Beruf eines Zeltmachers und verdient sich damit auch während seiner Missionsreisen seinen Lebensunterhalt. Auf unterschiedlichen Wegen kommen Petrus und Paulus zum Glauben an Jesus Christus. Ihr späteres Ziel ist dasselbe: Die Botschaft von Jesus Christus an die Menschen weiterzugeben. Denn beide haben erlebt, dass sie von Gott nicht an ihren Werken gemessen werden.

Petrus, der eigentlich Simon heißt, wird von Jesus geworben (Mt 4,18–20). Das hat sich tief in das Gedächtnis eingeprägt. Denn Jesus gibt dem Fischer ziemlich bald einen neuen Namen: Petrus, der Fels! (Mt 16,18–19) Das ist Anerkennung und Anspruch in einem. Jesus sieht in Petrus den Starken, obgleich es später noch genügend Erlebnisse der Schwachheit (Mt 14,22–33/Auf dem Wasser; Mt 26,69–75/Verleugnung) geben wird. Jesus traut diesem Mann etwas zu. Das hat auch für uns etwas Befreiendes: Nicht der Glaube ohne Zweifel oder gar die besonderen Werke machen Menschen vor Gott wertvoll. Paulus – von Beginn an trägt er beide Namen: den jüdischen Namen Saulus und den des römischen Bürgerrechts Paulus – kommt ganz anders dazu. Als glühender Eiferer für seinen jüdischen Glauben geht er mit allen anderen hart ins Gericht, besonders aber mit den Christen. Paulus legt diese Wesensart auch nicht ab, als er Christ wird. Er eifert für seinen Glauben. Und er macht dabei Fehler. Aber dennoch ist er es, den Jesus beauftragt, Menschen zum Glauben zu bringen (Apg 9,15).

Zwei fehlerhafte Menschen sind, zusammen mit anderen Männern und Frauen, die Säulen der jungen Kirche. Viele sind dazu gekommen in den Jahrhunderten, aber bei diesen beiden liegen die Anfänge. Das ist wohl der Grund dafür, dass sie sich schon seit dem 3. Jahrhundert den Gedenktag und häufig das Patronat für eine Kirche teilen (müssen). Denn so einig waren sich die beiden nicht, dass sie danach getrachtet hätten, zusammen aufzutreten. Im Gegenteil: In Antiochien kommt es schließlich zum Eklat. Petrus muss sich nicht ganz zu Unrecht den Vorwurf der Heuchelei machen lassen, aber Paulus hat seine Anerkennung in der Gemeinde verspielt und verlässt den Ort für immer (Gal 2,11–21;

Antiochenischer Streit Apg 15,30–41). Das sollten wir im Blick behalten: Es wird keine Kirche geben, die alle Verschiedenheit gleichmacht. Es darf sie nicht geben! Denn gerade die Dynamik von Streit und Verstehen, von Zweifel und Suche nach Antwort hat den christlichen Glauben das sein lassen, was er über 2000 Jahre ist.

Der Vorschlag für diese Einheit orientiert sich an den zwei Figuren in Luthers Taufkirche in Eisleben, die als Weggefährten und Widersacher im Kirchennamen vereint sind. Paulus hält das Schwert in der Hand, das auf seine Todesart hinweist. Es ist sicher nicht weit hergeholt, mit dem Schwert auch sein scharfes Wort zu verbinden und sein Kämpfen für den wahren Glauben. Petrus hält gemäß Mt 16,19 meist einen oder zwei Schlüssel in der Hand. Der Petrus in Eisleben hat sie nicht (mehr). Das könnte überlegen lassen, welches Attribut man ihm zuerkennen möchte. In der Kirche in Eisleben kann man den beiden zuweilen dabei zusehen, wie sie ziemlich einträchtig miteinander hinter dem Altar Klavier üben. Laut ist es dabei noch nie geworden. Aber erst aus verschiedenen Stimmen wird ein Satz!

Praxisvorschlag

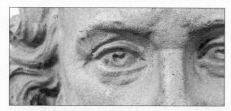

Zuerst ihre Augen: Was sehen die beiden in ihrer Zeit? Woran nehmen sie Anstoß? An der sogenannten »Bekehrungsgeschichte des Paulus« lassen sich Vermutungen anstellen, was er nicht sehen wollte oder konnte.

Aufgabe: Halte in einem Foto fest, was deinen ganz normalen Alltag ausmacht. Oder fotografiere etwas, das auf Probleme in unserer Gesellschaft/in der Kirche hinweist. Vielleicht hast Du sogar Lust, eine Fotomontage herzustellen.

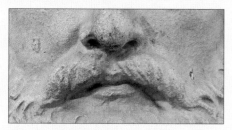

Was hatten Petrus und Paulus ihren Mitmenschen zu sagen?

Aufgabe: Lies einzelne Texte von Petrus und Paulus. Denke darüber nach, was für dich das Wichtige am christlichen Glauben ist. Vielleicht erinnerst du dich an schöne Erlebnisse im Zusammenhang mit deiner Konfi-Gruppe oder der Gemeinde. Vielleicht kennst du jemanden, dem der Glaube an Jesus Christus sehr wichtig ist. Erzähle den anderen aus der Gruppe davon. Nehmt diese kurzen Berichte mit dem Smartphone auf und stellt sie euch am Ende gegenseitig vor.

Paulus geht einen schwereren Weg als Petrus. Mit Blindheit ist er geschlagen. Sein bisheriger Lebensweg ist völlig in Frage gestellt. Doch er kommt wieder auf die Füße. Sein Weg ist sehr konzentriert. Und anstrengend. Für seinen Glauben wird Paulus schließlich in Rom mit dem Schwert hingerichtet.

Aufgabe: Kannst du dir vorstellen, dich so für eine Sache einzusetzen? Was könnte das für ein Ziel sein? Schreibe einzelne Stationen deines bisherigen und deines »geplanten« Lebens auf vorbereitete Fuß-Zettel und lege sie bei der Taufschale beginnend in den Raum hinein.

Aufgabe: Bilde deine Hand mit Gipsbinde nach. (https://www.frag-mutti.de/gipshaende-herstellen-a39367/) Alternative: Gestalte eine Gips-Hand mit einem Einmal-Handschuh.

Gestalte dann deine Hand. Dabei kannst du dich davon leiten lassen, was du besonders gut kannst und was du später möglicherweise im Beruf tun möchtest. Alternative: Bitte deine Freunde/Freundinnen, deine Hand mit guten Wünschen für dein Leben zu beschriften.

Petrus hält die Schlüssel in der Hand, Paulus das Schwert. So ein bisschen ist das wie ein Familienwappen. Ein Beruf, ein Herkunftsort, eine besondere Stellung im Ort sind Elemente, die in einem Wappen für die ganze Familie verewigt werden.

Aufgabe: Welches Zeichen könnte das für dich und deine Familie sein? Gestalte aus verschiedenen Werkstoffen dein ganz eigenes Wappen.

Petrus muss sich ganz schön was anhören von Paulus. Aber er geht mit Paulus auch nicht gerade zimperlich um.

Aufgabe: Dass man sich nicht nur wegen Kleinigkeiten streitet, wirst du kennen. Wie verhält man sich aber, wenn eine Meinungsverschiedenheit offenbar nicht zu schlichten ist? Suche dir zwei bis drei Mitspieler und gestaltet eine Konfliktszene. Überlegt, worum es bei dem Streit geht. Legt die Rollen fest. Und entscheidet, ob ihr die anderen den Streit schlichten lasst oder ob eure Idee der Konfliktlösung doch die beste ist.

Simone Carstens-Kant ist Pfarrerin für das Zentrum Taufe in Eisleben.

500 Jahre nach Luther ist an der Reformationskirche in Berlin-Moabit ein Modellprojekt entstanden, in welchem Kirche in Kontinuität und Abgrenzung zur Tradition neu gedacht und gelebt wird. Im Auftrag der EKBO und des Kirchenkreises Berlin-Stadtmitte belebt der Konvent an der Reformationskirche seit 2011 den lange leerstehenden Campus der Reformationskirche neu. Mit der Übergabe der Gebäude an den Trägerverein REFORMATIONS-Campus e.V. ist ein neuartiges Projekt gestartet: In einem Stadtteil mit einem hohen geistlichen Bedarf wird ein aufgegebener kirchlicher Standort ohne Finanzierung von Personalstellen, Betriebskosten und Baulasten durch kirchliche Gelder, eigenständig und eigenverantwortlich innerhalb der Landeskirche revitalisiert.

Der *Konvent an der Reformationskirche* ist eine Gemeinschaft von Menschen, die gemeinsam Christus nachfolgen, ihr Leben teilen und ein Herz für Moabit haben. So wie Luther nach seinem inneren Auftrag und Gottes Eingebung das Zusammenleben der Menschen reformieren wollte, versteht sich auch die Refo als christlich-soziales Zukunftslabor. Wir leben in Moabit in einem von sozialer und kultureller Vielfalt sowie aktuell von sozialem Wandel geprägten Stadtteil. Mit Gottvertrauen und Engagement arbeitet der Konvent mit daran, in genau diesem Kontext eine partizipatorische, interreligiöse und interkulturelle Stadtteilgemeinschaft zu prägen.

Ein wichtiger Teilbereich dieser Aktivitäten sind seit Jahren die Kunst- und Kreativaktionen, die in vielfältiger Form den Gedanken einer neuen Gemeinschaft und kommunikativen Öffnung in den Stadtraum transportieren.

Kunstprojekte am Refo Konvent in Moabit

Teil 2

Burkhard Oelmann

»Siehe«, *Spirituelle Bilder und Texte im Kirchraum*

Die Foto- und Textinstallation **»Siehe«**, des Berliner Künstlers Burkhard Oelmann ist ein Beispiel für eine Kirchen-Ausstellung, bei der die Sakralarchitektur nicht einfach nur Raum, sondern Teil des Konzeptes ist. Die praktische Umsetzung ist nicht-invasiv, d.h. die historische Bausubstanz bleibt unangetastet. Das Format richtet sich an Menschen, die sich für eine moderne christlich-spirituelle Kunst interessieren.

Was können wir von Gott wissen ? Die Installation **»Siehe«,** thematisierte diese Frage anhand digitaler Fotografien in Kombination mit Textpassagen aus der Bibel, aus Werken christlicher Mystik und den Schriften Martin Luthers, die sich mit den Themen Sichtbarkeit – Unsichtbarkeit, Offenbarung – Verborgenheit, Erkenntnis – Mysterium, Schriftlichkeit – Bildlichkeit, Fülle – Leere auseinandersetzen.

Im Kirchenschiff der Reformationskirche Berlin-Moabit waren Fotografien zu sehen, deren gleichbleibendes Grundmotiv mittels digitaler Bildtechniken fragmentiert zunächst kaum erkennbar war.

Auf dem Weg entlang der Bilder klärte sich das Motiv immer mehr, bis hin zu einer großformatigen Fotografie zentral an der Chorwand. Sie zeigte ein mit Papier verhülltes sakralarchitektonisches Bauelement.

In einer christlich-symbolischen Raumordnung des Erkennens nahm auf dem Weg zum Chor als spirituellem Gravitationszentrum die Deutlichkeit des Gezeigten zu, ohne jedoch abschließende Klarheit zu gewinnen. Was genau unter dem Papier verhüllt ist, blieb ein Rätsel. Dieses Sichzeigen und doch Verborgenbleiben stellte einen Bezug zur Idee des deus absconditus dar. Der verborgene Gott, die Grenzen menschlicher Gotteserkenntnis waren auch Thema der zahlreichen Textfolien im Kirchenraum. So war z. B. zu lesen:

Er ist das Ebenbild des unsichtbaren Gottes, der Erstgeborene vor aller Schöpfung. KOLOSSER 1,15

Wir sehen daher alle Dinge, die du gemacht hast, weil sie sind; aber weil du sie siehest, sind sie. Und weil sie sind, sehen wir sie äußerlich, und weil sie gut sind, innerlich; du aber sahest sie dort als bereits gemacht, als sie noch nicht waren und gemacht werden sollten. AUGUSTINUS (354–430), BEKENNTNISSE 13,38

Wir sehen jetzt durch einen Spiegel ein dunkles Bild; dann aber von Angesicht zu Angesicht. Jetzt erkenne ich stückweise; dann aber werde ich erkennen, wie ich erkannt bin. 1. KORINTHER 13,12

Die farbige Schrift auf den transparenten Folien hob sich zum Teil kaum vom baulichen Hintergrund ab, so dass auch formalästhetisch Sichtbarkeit und Unsichtbarkeit sinnfällig wurden.

Texte der kirchlichen Tradition wurden optisch eins mit der Kirche als Architektur gewordenem Wort Gottes.

Siehe, du hast Lust zur Wahrheit, die im Verborgenen liegt; du lässest mich wissen die heimliche Weisheit. PSALM 51 8

Einige Texte waren als Impuls gedacht, den Wechsel vom Lärm der Straße in die ruhige Kirche zu reflektieren, als Gelâzenheit im Sinne der mittelalterlichen Mystik.

Du sollst die bunten Dinge fliehn. Du sollst das Nichts lieben. MECHTHILD VON MAGDEBURG (UM 1207–1282), DIE WÜSTE

So muß sich der Mensch leer machen, alles lassen und auch das Lassen selbst lassen, indem er in sein lauteres Nichts entsinkt. In dem solchermaßen Bereiteten wirkt der Geist Gottes sogleich sein Werk: er erfüllt den für ihn Empfänglichen. JOHANNES TAULER (UM 1300–1361), DIE SIEBEN GABEN DES GEISTES

Manche Besucher haben sich sehr konzentriert Notizen gemacht, um etwas von der tiefen, kraftvollen Sprache dieser klassischen christlichen Autoren mitzunehmen.

Die Finissage fand in Form eines Crossovers von Gottesdienst und Ausstellung statt, bei dem das Thema des deus absconditus in einer Predigt nochmals vertieft wurde. Das titelgebende **»Siehe«,** steht für den nie endenden Appell an uns Christen, zu schauen, zu lesen, zu begreifen – letztendlich jedoch zu vertrauen. Wir werden gesehen.

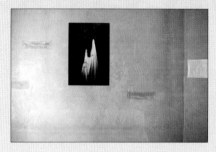

Farbfotografien
Farbfolienkopien
Metallplättchen
Magnete
Gewebeband
Klartransparenter Klebefilm

www.burkhard-oelmann.de

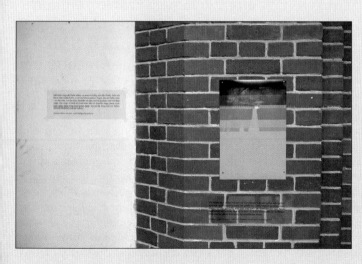

Burkhard Oelmann ist Kunsthistoriker, Maler und Fotograf in Berlin. Als Autodidakt ist er den Schritt hin zur künstlerischen Praxis gegangen und auf den Gebieten der Malerei, Fotografie und Objektkunst tätig. Konzeption und Gestaltung performativer Ereignisse im Kunstkontext und darüber hinaus. Kollaboration mit der Performerin und Choreographin Rike Flämig.

Fremdheit durch Paradigmenwechsel

Christoph Maier

Das ist nicht mehr meine Welt. Bis hinein in den eigenen Freundeskreis scheint alles in Bewegung. Befremden, Unverständnis, tiefe Gräben, Polarisierung. Wo kommt das her und warum können sich nicht einfach alle wieder vertragen?

So wie heliozentrisches und geozentrisches Weltbild völlig unvereinbar sind, so fremd können Menschen einander sein, die die Welt unter anderen Paradigmen betrachten. Paradigma bezeichnet in dieser (etwas unscharfen) Verwendung einen je eigenen inneren Zusammenhang von Wertvorstellungen, Anforderungen an die Lebensführung und Problemlösungsstrategien. Wie im wissenschaftlichen Gebrauch setzt der Begriff des Paradigmas hier voraus, dass die verschiedenen Weltbilder nicht ohne weiteres ineinander übersetzbar sind (Inkommensurabilität). Sie bleiben sich fremd und kommen nur schwer ins Gespräch miteinander.

Im theologischen Gespräch zeigt sich dieser Paradigmenwechsel als unversöhnlicher Widerspruch im Verständnis der biblischen Heilsgeschichte. Besonders im Streit um das Schriftverständnis beim Thema Homosexualität wird das deutlich. Trotz allem Bemühen das Thema in seiner Bedeutung herabzuspielen, gelingt eine Verständigung nicht. Zwischen den Auffassungen liegt ein inkommensurabler, ein nicht übersetzbarer Bruch, ein Paradigmenwechsel. Es geht um Alles: um das ganze Schriftverständnis, um die ganze Heilsgeschichte, um ein umfassendes Welt-, Selbst- und Gottesbild.

Was wir hier im Kleinen eines innerkirchlichen Diskurses beobachten können, spielt sich auch im Großen in der politischen Öffentlichkeit ab. Wir erleben die Gleichzeitigkeit von unterschiedlichen Weltbildern. In Zeiten weltweiter Vernetzung läuft der Bruch zwischen den Welten nicht mehr entlang von Kulturen, die sich homogen als Gemeinschaft entwickeln können, sondern quer durch die Kulturen, quer durch die Gesellschaft, quer durch Religionen und Konfessionen. Das ist eine enorme Herausforderung für den Zusammenhalt unserer Gesellschaft und Kirche. Die Gleichzeitigkeit unterschiedlicher Paradigmen, mit denen wir auf die eine Wirklichkeit (Gottes) sehen, ist verwirrend und sorgt auf beiden Seiten für Befremden. Es gibt zudem heftigen Streit darum, welches Paradigma für die Gemeinschaft handlungsleitend werden soll.

Wir wollen miteinander handlungsfähig bleiben, können uns aber nicht verstehen. Der Vorwurf: »Ihr bastelt euch eure eigene Bibel zusammen«, ist vor dem jeweils eigenen Paradigma genauso wahr oder unverständlich wie die Behauptung: »Wer die Bibel ernst nehmen möchte, darf sie nicht wörtlich nehmen.«

Wie aber können wir mit dieser befremdlichen Situation umgehen? Befremden entsteht, wenn ich nicht verstehe oder nicht verstanden werde. Dieses Befremden gehört aber (als Inkommensurabilität) zu den oben beschriebenen Phänomenen notwendigerweise dazu. Verstehen kann also nur auf einer anderen Ebene möglich werden. Ich kann versuchen zu verstehen, dass und warum wir uns nicht verstehen und verständigen werden. Ein Modell dafür liefert der Entwicklungspsychologe Clare W. Graves mit einem Modell der individuellen und gesellschaftlichen Entwicklung von Weltanschauungen, dem sogenannten »Spiral Dynamics«.[1] In der Pädagogik und in der Entwicklungspsychologie kennt man ähnliche Modelle. Dort wurden zum Beispiel Phasen der Moralentwicklung in Modellen diskutiert, die von einer stufenförmigen Weiterentwicklung

»Was steht ihr da und seht zum Himmel? Habt ihr nichts zu tun?«

ausgehen. Die Stufen bauen zwar aufeinander auf, sind jedoch unumkehrbar und führen zu jeweils ganz eigenen Lösungen (z. B. in Antworten auf Dilemmageschichten). Die Entwicklung von Weltbildern oder »Seinsstufen« in einer Gesellschaft muss hingegen nach Graves nicht unumkehrbar verlaufen:

»Was ich sage, ist, dass wenn eine Seinsform besser mit den bestehenden Lebensbedingungen übereinstimmt, dann ist sie die bessere Seinsform für solche Realitäten. Und was ich sage, ist, dass wenn eine Seinsform aufhört für die Lebensrealitäten zu funktionieren, dann ist eine andere Seinsform – entweder höher oder tiefer in der Hierarchie – die bessere Seinsform. Ich schlage vor – und ich glaube fest daran, dass es sich so verhält – dass für das Wohlergehen der gesamten Weltbevölkerung höhere Ebenen besser sind als niedrigere Ebenen und dass die Hauptaufgabe jeder Regierung einer Gesellschaft sein sollte, die Weiterentwicklung der Menschen hinauf zu neuen Ebenen der menschlichen Existenz zu fördern.«[2]

Mit Graves könnte man die gegenwärtige Situation als eine Phase der Verwirrung zwischen den Weltbildern, Paradigmen oder Seinsstufen beschreiben. In dieser Situation stellt sich aus meiner Sicht nicht die Frage, ob die Gesellschaft nach links oder rechts driftet. Auch der Gegensatz von konservativer oder liberaler Theologie trifft für mich nicht den Kern des Problems. Die Frage, die ich mir stelle, ist, ob die Lösungswege in der Verwirrung um das geltende Paradigma in einer regressiven oder progressiven Bewegung gesucht werden.

Regression wäre das Zurückkehren zum Altbewährten, zu einem alten und bekannten Paradigma. Progressiv wäre es, zu erkennen, dass die Krise nicht notwendigerweise durch die Korrektur einer Fehlentwicklung zu beheben ist, sondern vielleicht auch im vertrauensvollen Durchschreiten mit Blick auf ein neues Paradigma.[3]

[SCHLUSS 1]

Die Himmelfahrtserzählungen der Evangelien beschreiben aus meiner Sicht einen solchen krisenhaften Übergang. Der Blick auf Jesus wird verstellt, die Wolke nimmt den Jüngern die klare Sicht auf Christus. Doch die Wolke ist nicht nur undurchdringlicher Blickversteller, sondern die Wolke ist in biblischer Sprache immer auch die Gegenwart Gottes. Die Wolke leitet das Volk durch die Krisenzeit in der Wüste. Die Wolke, die uns Jesus nimmt, oder auch das Gefühl der Vertrautheit, die alte Heimat, das alte Paradigma, ist Gottesgegenwart. Das ist die Grundverheißung, die ich in allen biblischen Büchern finde: Gottes Name ist der »Ich-bin-da«, Gott zieht mit aus (aus Ägypten), Gott zieht mit ein (ins gelobte Land), Gott ist in der Fremde nah (Exil), Gott ist selbst in der Ohnmacht (Kreuz). Und so wird nach dem Innehalten in einer Krisensituation der Blick wieder klar und es gibt einen neuen Auftrag: »Was steht ihr da und seht zum Himmel? Habt ihr nichts zu tun?«

[UND/ODER SCHLUSS 2]

Die Aufgabe einem bestimmten Paradigma Gültigkeit zu verschaffen, muss angenommen werden, will man nicht in der Verunsicherung verharren. In Sachsen verschafften sich jüngst progressive Kräfte Aufmerksamkeit in einem »Forum für Gemeinschaft und Theologie« (www.frei-und-fromm.de). In diesem Forum sollen Menschen bestärkt werden, die ihren Glauben auf ein neues Paradigma ausrichten (wollen). Das ist zunächst ein seelsorgerliches Anliegen: Diejenigen, die im Widerstreit der Pa-

radigmen ihren Glauben oder ihre Zugehörigkeit zur Kirche in Frage stellen, sollen Gemeinschaft erleben, die ermutigt, durch die Krise vertrauensvoll hindurchzugehen. Dazu wird aber auch der Gegensatz zum alten Paradigma stärker hervorgehoben werden müssen. Somit verfolgt das Forum auch ein theologisches Anliegen: nämlich die klassischen Lehrsätze mit Blick auf ein neues Paradigma zu reformulieren und Orientierung zu bieten. Das Forum will so auch eine Frömmigkeit ermöglichen, die nicht als etwas Fremdes aus einer anderen Welt erlebt wird, sondern die einlädt, frei und fromm zu sein.

1 Die Entwicklungstheorie von Clare W. Graves ist für kirchliche Welten wunderbar angewendet und unterhaltsam beschrieben in dem Buch: Gott 9.0. Wohin unsere Gesellschaft spirituell wachsen wird. Marion Küstenmacher, Tilmann Haberer, Werner Tiki Küstenmacher, 7. Auflage, Gütersloher 2010. http://gott90.de/gott-9.0–deutsch/leseprobe

2 Clare W. Graves. Ohne nähere Werkangabe gefunden auf https://de.wikipedia.org/wiki/Spiral_Dynamics. Zuletzt abgerufen am 29.09.2016.

3 Den Versuch ein aufkommendes neues Paradigma zu beschreiben, hat der US-amerikanische Theologe Marcus J. Borg unternommen. Marcus J. Borg: Heute Christ sein. Den Glauben wieder entdecken. Patmosverlag 2005. Derzeit nur antiquarisch erhältlich.

Christoph Maier studierte Evangelische Theologie in Leipzig und Tübingen und ist seit 2008 Pfarrer der Ev.-Luth. Bethlehemkirchgemeinde Leipzig.

IMPRESSUM

PRAXIS GEMEINDEPÄDAGOGIK (PGP)

ehemals »Christenlehre/Religionsunterricht–PRAXIS«
ehemals »Die Christenlehre«

70. Jahrgang 2017, Heft 2

Herausgeber:
Amt für kirchliche Dienste in der Evangelischen Kirche
Berlin-Brandenburg-schlesische Oberlausitz
Pädagogisch-Theologisches Institut der Nordkirche
Theologisch-Pädagogisches Institut der
Evangelisch-Lutherischen Landeskirche Sachsens
Pädagogisch-Theologisches Institut der Evangelischen Kirche in
Mitteldeutschland und der Evangelischen Landeskirche Anhalts

Anschrift der Redaktion:
Matthias Spenn, c/o Evangelische Verlagsanstalt GmbH,
»PGP-Redaktion«, Blumenstraße 76, 04155 Leipzig,
E-Mail ‹redaktion@praxis-gemeindepaedagogik.de›

Redaktionskreis:
Dr. Lars Charbonnier, Führungsakademie für Kirche und Diakonie,
Haus der EKD, Charlottenstraße 53/54, 10117 Berlin
Uwe Hahn, Ev.-Luth. Kirchenbezirk Leipzig, Dienststelle des
Bezirkskatecheten, Burgstraße 1–5, 04109 Leipzig
Petra Müller, Fachstelle Alter der Ev.-Luth. Kirche
in Norddeutschland, Gartenstraße 20, 24103 Kiel
Dorothee Schneider, PTI der Ev. Kirche in Mitteldeutschland und der
Landeskirche Anhalts, Zinzendorfplatz 3, 99192 Neudietendorf
Matthias Spenn, Amt für kirchliche Dienste in der Ev. Kirche Berlin-
Brandenburg-schlesische Oberlausitz, Goethestraße 26–30, 10625 Berlin
Christine Ursel, Diakonisches Werk Bayern – Diakonie.Kolleg.,
Pirckheimerstraße 6, 90408 Nürnberg

Redaktionsassistenz: Sina Dietl, Evangelische Verlagsanstalt GmbH

Verlag: EVANGELISCHE VERLAGSANSTALT GmbH,
Blumenstraße 76, 04155 Leipzig, www.eva-leipzig.de
Geschäftsführung: Sebastian Knöfel

Gestaltung/Satz: Jens Luniak, Evangelisches Medienhaus GmbH

Druck: Druckerei Böhlau, Ranftsche Gasse 14, 04103 Leipzig

Anzeigen: Rainer Ott · Media | Buch- und Werbeservice,
PF 1224, 76758 Rülzheim, Tel. (0 72 72) 91 93 19,
Fax (0 72 72) 91 93 20, E-Mail ‹ott@ottmedia.com›
Es gilt die Anzeigenpreisliste Nr. 11 vom 1.1.2012

Abo-Service: Christine Herrmann, Evangelisches Medienhaus GmbH, Telefon (03 41) 7 11 41 22, Fax (03 41) 7 11 41 50,
E-Mail ‹herrmann@emh-leipzig.de›

Zahlung mit Bankeinzug: Ein erteiltes Lastschriftmandat (früher
Einzugsermächtigung genannt) bewirkt, dass der fällige Abo-Beitrag
jeweils im ersten Monat des Berechnungszeitraums, in der letzten
Woche, von Ihrem Bankkonto abgebucht wird. Deshalb bitte jede Ände-
rung Ihrer Bankverbindung dem Abo-Service mitteilen. Die Gläubiger-
Identifikationsnummer im Abbuchungstext auf dem Kontoauszug zeigt,
wer abbucht – hier das Evangelische Medienhaus GmbH als
Abo-Service der PRAXIS GEMEINDEPÄDAGOGIK.
Gläubiger-Identifikationsnummer: DE03EMH00000022516

Bezugsbedingungen: Erscheinungsweise viermal jährlich, jeweils
im ersten Monat des Quartals. Das Jahresabonnement umfasst die
Lieferung von vier Heften sowie den Zugriff für den Download der
kompletten Hefte ab 01/2005. Das Abonnement verlängert sich um
ein Kalenderjahr, wenn bis 1. Dezember des Vorjahres keine
Abbestellung vorliegt.

**Bitte Abo-Anschrift prüfen und
jede Änderung dem Abo-Service mitteilen.
Die Post sendet Zeitschriften nicht nach.**

ISSN 1860-6946
ISBN 978-3-374-04940-0

Preise:
Jahresabonnement* (inkl. Zustellung):
  Privat: Inland € 40,00 (inkl. MwSt.),
        EU-Ausland € 46,00, Nicht-EU-Ausland € 50,00;
  Institutionen: Inland € 48,00 (inkl. MwSt.),
        EU-Ausland € 54,00, Nicht-EU-Ausland € 58,00;
Rabatte – gegen jährlichen Nachweis:
Studenten 35 Prozent; Vikare 20 Prozent;
Einzelheft (zuzüglich Zustellung): € 12,00 (inkl. MwSt.)
        * Stand 01.01.2017, Preisänderungen vorbehalten

»Gemeindepädagogik berufsbegleitend« in Porta Westfalica.

Im Oktober startet im Theologisch-Pädagogischen Seminar Malche, Porta Westfalica, ein neuer Kurs »Gemeindepädagogik berufsbegleitend«. Die Ausbildung bietet kirchlichen Mitarbeitenden eine Möglichkeit, sich theologisch bzw. gemeindepädagogisch zu qualifizieren (BA). Der Abschluss ist für Teilnehmende aus sozialen, pflegerischen, medizinischen oder pädagogischen Berufen von der Evangelischen Kirche von Westfalen anerkannt.

Mitarbeitende aus Gemeinden erhalten die Gelegenheit einer fundierten gemeindepädagogischen Grundausbildung (ohne Anspruch auf kirchliche Anerkennung).

Weitere Informationen unter www.malche.de/berufsbegleitend.

Hahn als Professor für Religions- und Gemeindepädagogik an der EHS Berlin

Prof. Dr. Matthias Hahn ist seit Januar 2017 Gastprofessor für Evangelische Religions- und Gemeindepädagogik an der Evangelischen Hochschule Berlin.  Dort soll er einen Aufbaustudiengang für Gemeindepädagogik aufbauen und begleiten. Im Aufbaustudiengang können Gemeindepädagogen mit Fachschulabschluss sowie erziehungswissenschaftlich qualifizierte kirchliche Mitarbeitende (Sozialpädagogik, Lehramt, Kindheitspädagogik u.a.) den Bachelor für Gemeindepädagogik erwerben können. Start soll im Sommersemester 2018 sein.

Hahn war von 2001 bis 2017 Direktor des Pädagogisch-Theologischen Instituts der Evangelischen Kirche in Mitteldeutschland und der Evangelischen Landeskirche Anhalts und unterrichtete u.a. dort an der Fachschule für Gemeindepädagogik. 2011 habilitierte er sich an der Erziehungswissenschaftlichen Fakultät der Uni Erfurt, die ihn 2015 zum außerplanmäßigen Professor ernannte.

Matthias Hahn gab mit Andrea Schulte (Erfurt) die Schulbuchreihe *reli plus* heraus. Unter den zahlreichen Veröffentlichungen sei hier besonders hingewiesen auf: Eva Heßler. Gemeindepädagogik als Dialog zwischen Theologie und Pädagogik, Leipzig 2015.

Zarnow als Professor für Systematische Theologie an der EHS Berlin

Christopher Zarnow ist seit November 2016 Professor für Systematische Theologie im Studiengang Evangelische Religionspädagogik an der  Evangelischen Hochschule Berlin. Der promovierte Theologe und ordinierte Pfarrer war mehrere Jahre in der Wissenschaft und kirchlichen Praxis tätig. Zuletzt leitete er die Arbeits- und Forschungsstelle »Theologie der Stadt« im evangelischen Kirchenkreis Tempelhof-Schöneberg. Seine Aufgabe bestand darin, den Wissenstransfer zwischen wissenschaftlicher Theologie, *urban studies* und Berliner Stadtgemeinden zu organisieren. Die Forschungsschwerpunkte liegen auf der Identitätstheorie, der theologischen Anthropologie sowie auf verstehenden Ansätzen der Religionsdeutung und Religionskritik unter den Bedingungen der Moderne.

Jörn Klare erhält den Evangelischen Buchpreis 2017

Mit dem Evangelischen Buchpreis 2017 wird der Journalist und Autor Jörn Klare für sein Buch »Nach Hause gehen« (Berlin: Ullstein 2016) ausgezeichnet. Diese Entscheidung gab der Vorsitzende des Evangelischen Literaturportals Bischof Jan Janssen, Oldenburg, bekannt und dankte der Jury, die das Buch aus über 100 Vorschlägen von Leserinnen und Lesern ausgewählt hat.

Der Evangelische Buchpreis wird seit 1979 vom Dachverband evangelischer öffentlicher Büchereien, dem Ev. Literaturportal, verliehen. Gesucht werden Bücher, die anregen über uns selbst, unser Miteinander und unser Leben mit Gott neu nachzudenken. Für 2017 haben Leserinnen und Leser 105 Titel vorgeschlagen. Die Jury wählte neben dem Preisbuch 14 weitere Titel für die Empfehlungsliste aus: Romane, Sachbücher, Kinder-und Jugendbücher. Der Jury gehören vier Mitarbeitende evangelischer Bibliotheken, zwei Jugendliche, zwei Theologen und die Geschäftsführung des Ev. Literaturportals an. Der Evangelische Buchpreis ist mit 5.000 Euro dotiert. Er wird dem Autor am 28. August 2017 in der Schlosskirche zu Wittenberg überreicht.

Buchtipps für die gemeindliche Praxis

Petra Müller

Konfirmandenarbeit und Gottesdienst – das ist schon immer ein Thema, das vielfältig und kontrovers diskutiert wird: Wie kann die volkskirchliche Sozialisation von Konfirmandinnen und Konfirmanden gelingen? Beschränkt man sich auf Eventerfahrungen? Müssen die Jugendlichen die Sonntagsgottesdienste besuchen und wenn ja, wie viele? Wie kommt man zu gemeinsamen Erfahrungen verschiedener Generationen und wie erspart man Jugendlichen, Erwachsenen und Verantwortlichen unnötige Enttäuschungen? Um diese Fragen bemühte sich eine Arbeitsgruppe aus Liturgikern und Religionspädagogen der Liturgischen Konferenz.

Die Ergebnisse liegen nun in der Orientierungshilfe »**Mit Konfirmandinnen und Konfirmanden Gottesdienst feiern**« vor, herausgegeben von **Marcell Saß und Karlo Meyer.** Sie ermutigen, die Spannungsfelder »mehrperspektivisch« abzuschreiten. Sie wollen keine Ratschläge erteilen, sondern Impulse geben, wie die verschiedenen Interessen, Realitäten und Erwartungen wahrgenommen werden können.

Das Buch ist anregend für alle, die in der Arbeit mit Konfirmandinnen und Konfirmanden unterwegs sind.

Gütersloher Verlagshaus, Gütersloh 2016, 104 Seiten Broschur, ISBN 978–3–579–06206–8, € 12,99

Da war ich schnell neugierig geworden, als ich von dem Karten-Set »**KreaTalento® – entdecken, wozu ich fähig bin**« gehört habe. KreaTalento® besteht aus 50 Stärkekarten, 50 Schwächekarten und 5 Fähigkeitskarten. Man sucht sich

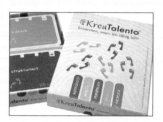

aus den einhundert Karten insgesamt 15 Karten (10 Stärken, 5 Schwächen) mit Begriffen heraus, die zu einem passen. Ordnet man in einem nächsten Schritt die Karten den 5 Fähigkeitskarten zu, die die Kategorien methodisch, intuitiv, persönlich, sozial und fachlich bilden, entsteht ein Profil.

Mich persönlich hat es zum Nachdenken angeregt und ich kann mir vorstellen, dass ich die Karten öfters einmal unter verschiedenen Fragestellungen einsetzen werde. Die »Macher« schlagen aber auch vor, sie in einer Gruppe und bei Teambildungsprozessen einzusetzen oder auch in Supervision und Coaching. Mein Kritikpunkt ist die oft unkreative Formulierung der Schwächen durch ein schnelles Hinzufügen von »nicht« und »zu«, wie z. B. nicht einfühlsam, nicht unterstützend, zu perfektionistisch, zu theoretisch u. a. An der Begriffsfindung hätte man sorgfältiger arbeiten sollen.

Amt für Gemeindedienst in der Ev.-Luth. Kirche in Bayern, bestellung@afg-elkb.de, Artikelnr: 400770, € 19,90

Vielen ist sicherlich die Buchreihe »WerkstattBibel« bekannt, die im Verlag Katholisches Bibelwerk erscheint. WerkstattBibel enthält eine biblisch-theologische Einführung, Erläuterungen zum methodischen Schwerpunkt, ausgearbeitete Bibelarbeiten zum Thema des jeweiligen Bandes und Zusatzinformationen für die Durchführenden. Der Band 19, herausgegeben von **Angela Wäffler-Boveland**, trägt den schönen Titel »**Mit der Nase hören – eine kleine Theologie der Düfte**«. Wenn von den Sinnen die Rede ist, kommt der Geruchssinn oft erst spät zur Sprache. Das »Werkstattteam« ist Duftspuren in der Bibel nachgegangen. Dann hatte es die Qual der Wahl, aus der Fülle der Dufttexte sieben auszuwählen.

Die Werkstattfrauen haben alle Bibelarbeiten erprobt. Anschließend haben sie ihre Praxiserfahrungen reflektiert und in die nun vorliegenden Entwürfe eingearbeitet. Lassen Sie sich nun z. B. überraschen »Von dem Geruch, der Lebenswege verändert« und anderen Bibelarbeiten.

Verlag Katholisches Bibelwerk, Stuttgart 2015, 116 Seiten Broschur, ISBN 978–3–460–08519–0, € 12,80

Mitarbeitende der Evangelischen Jugend im Kirchenkreis Schwelm haben sich im Rahmen eines Praxisworkshops auf den Weg gemacht, neue Möglichkeiten einer ganzheitlichen Verkündigung auszuprobieren. Sie wollten damit auf die »religiöse Sprachkrise« mit dem erlebnispädagogischen Ansatz reagieren. In dem Praxisbuch »**Gemeinsam draußen Gott erfahren**« hat **André Hagemeier** 23 er-

lebnispädagogische Impulse für Andachten herausgegeben. Nach einer kurzen Darstellung der Grundlagen der Erlebnispädagogik und ihrer Verortung im gemeindepädagogischen Kontext werden die Aktionen und Andachtsimpulse entfaltet, auch mit Hinweisen zur Reflexion. Der Schwerpunkt liegt dabei nicht auf der Entwicklung neuer erlebnispädagogischer Settings, sondern in der Verknüpfung mit den Glaubensgeschichten der Bibel. Die Fotos und Zeichnungen helfen, die Übungen schnell zu erfassen und leicht umzusetzen. Die Erlebnisandachten eignen sich für die Jugendarbeit, können aber auch bei Gemeindefreizeiten, Schulungen oder Männerrunden eingesetzt werden.

Neukirchener Verlagsges., Neukirchen-Vluyn 2014, 96 Seiten, Broschur, ISBN 978–3–7615–6110–2, € 12,99

Ute Beyer-Henneberger, Supervision und Burnout-Prophylaxe in pastoralen und schulischen Berufsfeldern, Praktische Theologie heute Bd 148, Stuttgart: Kohlhammer 2016, 256 S., EUR 39,-, ISBN 978-3-17-031519-8

Sich und den anderen fremd zu werden, ist eine Erfahrung, die gerade in schulischen und pastoralen Berufsfeldern nicht selten anzutreffen ist: Tue ich noch das, wofür ich einmal angetreten bin? Im Mittelpunkt des Buches stehen fünf Fallanalysen von Lehrerinnen und Lehrern und Pfarrerinnen und Pfarrern. Ausgehend von Protokollen der Gespräche mit den Fallgebern – als Einzelgespräche oder auch in Gruppensituationen – werden diese sehr differenziert und mehrperspektivisch wahrgenommen und interpretiert. Auch das supervisorisch-beraterische Vorgehen wird eingehend reflektiert, sodass nicht nur das jeweilige Muster der Belastungsempfindung in ihren systemischen Zusammenhängen der Fallpersonen deutlich wird, sondern auch die Möglichkeit, mit diesen konstruktiv umzugehen und darin das prophylaktische Potential dieser Form der Arbeit nachvollziehen zu können. Ihr empirisches Vorgehen wird zwar methodisch streng gesehen zu wenig vorgestellt, aber darüber kann angesichts der dennoch nachvollziehbaren Analysen gut hinweggesehen werden. Besonders anregend und eine Stärke des Buches in religiös-interessierter Lesehinsicht sind die Exkurse in diesen Fallbeispielen, die über konstruktive Ansätze von Größen der Kirchengeschichte wie Ignatius oder Bernhard von Clairvaux hin zu Fragen nach dem Gottesbild oder den Vorstellungen von Zeit und Ewigkeit bei Augustin reichen. Ohnehin sind die Analysen immer wieder auch in diese Dimensionen hin ausgeweitet und zeigen, dass in diesen Berufen gerade auch diese Lebensdimensionen für ein ganzheitliches Verständnis der Lebenszufriedenheit von großer Bedeutung sind.

Ein Kapitel über aktuelle Ansätze zur Beschreibung religiöser Entwicklung im Erwachsenenalter schließt sich den Fallbeispielen an, zu Recht ohne eine Harmonisierung dieser überhaupt anzustreben, sondern um diese Phänomene im Blick zu haben, die während solcher Beratungsprozesse auftauchen. Schließlich zieht Beyer-Henneberger die Konsequenzen ihres Forschungsdurchgangs und orientiert sich dabei an dem Konzept »biophiler Räume«, »also an lebensförderlichen Räumen für die Begegnung und Auseinandersetzung mit (...) Religiosität« (225). Dazu weitet sie die Perspektive von Supervision und Beratung hin auf allgemeine Prozesse religiöser Erwachsenenbildung und fragt, wie eine zeitgemäße religiöse Erwachsenenbildung aussehen könnte, die gerade auch die besonderen Anforderungen heutiger Berufswelten im Blick hat. Ihr Fazit: »Pastoralpsychologische Supervision mit dem Ziel der Burnout-Prophylaxe nimmt den Menschen insgesamt mit seinen immanenten und transzendenten Bezügen in den Blick. Sie eröffnet einen Raum für die Wahrnehmung und Bearbeitung der beruflichen Krise im Kontext der gesamten Lebensführung – auch der existentiellen, religiösen Selbstdeutungen.« (246) Denn es kann sein, das wird in der Studie deutlich, dass die Entfremdungen im Beruf mit innerer Entfremdung religiöser Überzeugungen einhergehen, und das macht das Buch spannend zu lesen.

Franziska Beetschen, Christian Grethlein, Fritz Lienhard (Hg.): Taufpraxis. Ein interdisziplinäres Projekt, Leipzig: Evangelische Verlagsanstalt 2017, 286 Seiten, ISBN 978–3–374–04867–0, € 42,00

Die Taufe ist theologisch wie organisationslogisch ein zentraler Vollzug der evangelischen Kirche in Deutschland. Die Reflexion ihrer Theorie und wie ihrer gegenwärtigen pluralen Praxis führt zwangsläufig zu den wesentlichen Fragen des Kirche-Seins heute und morgen: Wie verhalten sich dogmatische Bestimmungen und von Individualisierung geprägte Religionskulturen? Wo liegt der Schwerpunkt gottesdienstlichen Handelns zwischen Event und Begegnung mit dem Heiligen? Wie kann religiöse Sozialisation heute aussehen und gelingen? Welche Kompetenzen brauchen milieugebundene Pfarrpersonen, um dem Verkündigungs- und Seelsorgeauftrag heute angemessen nachkommen zu können? Und so manches mehr. Eine Vielzahl dieser Fragen und damit die Tiefe und Weite, die mit der Beschäftigung mit der Taufpraxis erreicht werden, spiegelt dieser auf eine Tagung in Heidelberg zurückgehende Sammelband in anregender und lehrreicher Weise.

Eine knappe Einführung und eine kurze Auswertung rahmen die fünf Hauptteile des Buches, die je unterschiedliche Perspektiven auf die Taufpraxis einnehmen: Im ersten Teil beschreiben Matthias Kreplin und Franziska Beetschen die Vielfalt heutiger Taufpraxis. Martin Laube und Christian Grethlein zeigen im zweiten Teil die systematisch- und praktisch-theologischen Perspektiven auf und machen dabei unter anderem anschaulich, dass unterschiedliche Logiken im Spiel sind, die sich nur schwer vereinen lassen, etwa die Sakramentenlogik auf der einen und die Kasuallogik auf der anderen Seite. Kirchenhistorische und ökumenische Perspektiven liefert der dritte Teil mit Beiträgen von Andreas Müller und Walter Fleischmann-Bisten. Jan Hermelink trägt kirchenrechtliche Perspektiven im vierten Teil ein. Aus liturgischer, poimenischer und kybernetischer Perspektive schließlich beleuchten im fünften Teil Lutz Friedrichs, Traugott Roser und Martin Treiber/Fritz Lienhard die Taufpraxis. Interessant ist hier etwa Friedrichs Versuch, im Anschluss an Hartmut Rosas Resonanztheorie die Taufe als »spezifische Resonanzoase« zu verstehen, oder Rosers Forderung, in der Taufe auch die sozialethischen und gesundheitspolitischen Aspekte zu berücksichtigen und in die Praxis zu integrieren.

Wer all das im Sammelband vorgestellte Reflexionswissen im praktischen Vollzug berücksichtigen will, wird viel Mühe darauf verwenden müssen. Angesichts der religiösen Entwicklungen in unserem Land ist das aber sicherlich ein lohnenswertes Unterfangen, wie dieser Band deutlich macht.

Lars Charbonnier